「事業プラン」から「資金計画」までを可視化する
起業ログのススメ

起業は1冊のノートから始めなさい

上野光夫
Mitsuo Ueno

ダイヤモンド社

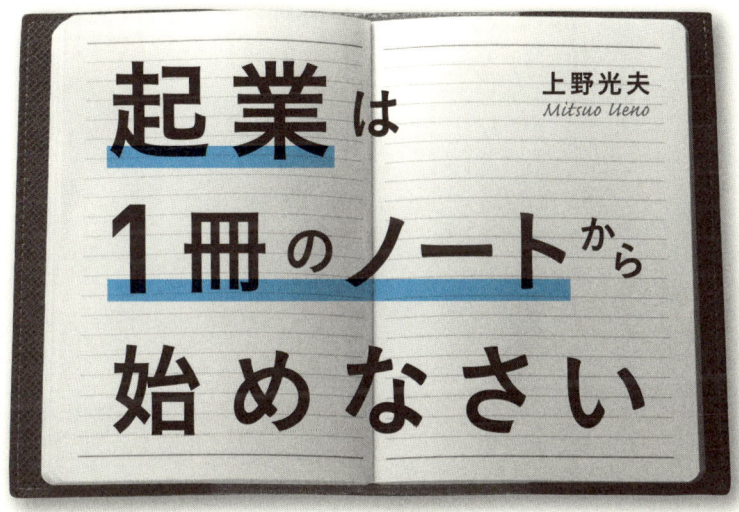

はじめに

私は、起業支援を主な仕事として活動していますが、最近「いつかは起業したい」と考えている方がとても多いことを実感しています。

「どうやったらうまく起業を実現できるでしょうか？」という相談を持ちかけてくる人が増えているからです。

今や、たとえ大企業でも「勤めていれば安泰」という時代ではなくなりました。多くの人が、収入面の問題だけではなく自己実現の観点から、会社にしがみつくことに疑問を抱き始めています。また、各種メディアでは、斬新なアイデアによる事業を始めて、華々しく活躍する起業家が紹介されることが多くなりました。「起業家が少ない」といわれている日本でも、しだいに起業への関心は高まっています。

本書を手に取ってくださったあなたも、きっと起業に少なからず興味をもっている方だと思います。

本書の内容は、簡単に表現すると「起業を実現させて、少なくとも5年以上事業を続けるためのノウハウ」です。そして、大きな特徴が「起業準備では手書きのノートを活用しましょう」と勧めている点です。ノートをつけることによって、起業への準備が着実に進んでいくからです。

「起業を考えている多くの人が、実際に起業を実現させるだけではなく、長く続けられるようになっていただきたい」という思いを込めて執筆しました。

一口に「起業」といっても、法人組織で人を雇用して大きく始めるものだけではなく、「家業」や「生業」のレベルで小さく始めるものまで、さまざまなスタイルがあります。

一般的な起業に関する書籍（以下「起業本」と呼びます）では、「起業」を組織で始めることに限定して、一人で始める独立開業は「起業」として扱っていないことがあります。しかし、本書では個人で小さく始める独立開業も、立派な「起業」だととらえています。

たとえば、培った経験を生かしてフリーランスとして独立する、資格を取得して○○士事務所を開業する、個人タクシーを始めるといったものも、すべて「起業」であると認識しています。

最初から多くの人を雇用して会社組織で始める起業でも、小さく始める起業でも、事業を長く繁栄させるために「起業家マインド」が必要ということには変わりないからです。

私は、26年間にわたり政府系の金融機関に勤めて、約5000名の「これから起業する人」への融資を担当し、事業を長く続けられる人とすぐに行き詰まってしまう人の双方を目の当たりにしました。いつも「起業して成功する人と失敗する人の違いはどこにあるのだろうか？」と考えていたのです。いわゆる「事業計画書」がうまくできた人でも、必ずしも成功するとは限りませんでした。

そこで、立てた仮説は、「起業するための準備をしっかりと行ったかどうかが、成否を左右するのではないか」というものでした。以降、融資の申し込みをしてきた人の準備状況に着目した結果、「起業するまでに綿密な準備をした起業家こそが事業を軌道に乗せている」ことを確信したのです。

とりわけ、ある起業家のことが強く印象に残っています。その人は、起業の準備過程をたくさんの大学ノートにしたためていました。起業の動機や理念を初めとして、準備段階で収集した情報など多岐にわたる記録が書かれていました。融資するかどうかを判断する立場だった私は、綿密に準備した様子を見て、迷うことなく融資OKの結論を出しました。今やこの起業家は、地域の同業種で1、2位を争うほどの業績をあげています。


私自身も、約2年間の準備を経て起業しましたが、この人にならって10冊以上の大学ノートやバインダーノートを活用しました。会社を退職する10年以上前から「いつか起業したい」と思いながらも実現できずに年月が経過していましたが、最初のノートの1ページ目を書いた瞬間に「2年後には必ず独立するぞ！」という熱い思いが込み上げてきたのを覚えています。

私は、たくさんの起業の失敗事例を見てきたので、「失敗しないようにしっかりと準備しよう」と思い、情報収集、スキルアップ、ビジネスモデルの構築など、必要と考えられることはすべて取り組みました。

また、数多く出版されている「起業本」は、片っ端から読み漁りました。でも、既存の「起業本」には、どこか物足りなさを感じたのです。起業のために必要な心構えや知識などに関するノウハウは書かれているのですが、もっとも知りたい「起業準備の期間はどれくらい必要で、具体的にどのような手順で準備を進めたらいいか」という点があいまいだったからです。実際、起業を考えている人の多くが、「何からどう手をつけたらいいかわからない」といいます。

そこで本書では、起業準備にかける期間を「1～3年」と定め、その間に取り組むべき準備について「起業ノート」を活用した方法を具体的に説明しています。また、ほかの「起業本」ではあまりみられない特徴として、「起業家に必要なメンタルタフネス」「起業家として高めるべき人間関係力」「起業家として知っておくべきお金の使い方」についても説明しています。これらの項目は見落とされがちですが、実は事業を継続するためにとても重要なスキルであり、準備段階で可能な限り高めておく必要があります。

起業スタイルは人によって千差万別ですから、それぞれに合った準備の内容を自ら模索しなければいけません。そこで生きてくるのが「起業ノート」です。自分の起業準備状況を手書きの文字で記入することによって、不足していること、やるべきことがハッキリと見えてくるものです。

「いつかは起業したい」と思っていても、そのために一歩を踏み出さなければ、起業は永遠に実現しません。起業の夢を夢で終わらせてしまい、後悔する人生は避けていただきたいと思います。

そうはいっても、失敗が怖くてなかなか実行に移せない人が多いのが実態です。本書でご説明している方法で準備を進めていけば、より多くの起業志望者が夢を実現できるものと信じています。

起業は
1冊のノートから
始めなさい

目次

第1章 起業で成功する人はみんなノートをつけている

第2章

なぜ起業したいのかノートに書いてみる

第3章

先に独立する日を決めてしまおう

第4章 アイデアを300個以上書き出そう

第5章

起業の不安を書き出せば、心の準備ができる

第6章 足りないスキルとノウハウをまとめておこう

第7章

ノートを使って人間関係力を高めよう

第8章 事業計画を練り上げ、起業のスタートラインへ！

第1章

起業で成功する人はみんなノートをつけている

起業でうまくいく人、ダメな人の違いは何か

「いつかは起業したいと考えていますが、どうしたらいいでしょうか？」

私の事務所には、連日このような方が相談に来られます。年齢層は10代の学生から60代の方まで幅広く、男性だけではなく女性もいます。相談の内容は、資金調達に関することをはじめとして、ビジネスプランのつくり方、マーケティングなど多岐にわたりますが、その根底には、「私って起業してうまくいくだろうか？」という不安を解消したい気持ちがあるようです。

起業したい気持ちはあるのだけれど、一方では「失敗したらどうしよう」という根強い心配があって、起業に踏み出せないわけです。それでも、なんとか起業を実現させたいという思いが強い人は、「どうやったら起業してうまくいくのでしょうか？」と真剣な眼差しで質問してきます。

数多くの起業家に接してきた経験から、起業でうまくいくポイントを一言で述べるとす

れば、「しっかりと事前準備をしたかどうか」ということに尽きます。事前準備をしないで起業するのは、トレーニングをせずにマラソン大会に出場するのと同じです。途中で倒れる羽目になるのがオチで、完走なんてできないでしょう。

起業そのものを実現するのは度胸さえあれば誰にでもできることですが、事業を軌道に乗せるのはとても困難で、いかにして会社をつぶさず経営するかが大きな課題です。そのためには、入念な事前準備が欠かせません。ところが、起業した人の中には、事前準備が不足している状態でスタートしたために、すぐに破たんしてしまう人がとても多いのが実態なのです。

ただし、起業はマラソン大会と大きく異なる点があります。それは、「ゴールがない」ということです。

起業はゴールではなくスタートであり、続けていくことがとても難しいのです。また、起業しても、「何歳まで続ける」とか「1億円を貯めたらおしまい」というように、ゴールを設定している人はほとんどいません。うまくいけば、たとえ起業した本人がいなくなっても、老舗企業のように長年続くこともあります。起業家は、起業した瞬間から、「終わりのない旅をできるだけ長く続けたい」と思って延々と経営努力をすることになります。

ところが、起業を志している人は、事業を長く続けていくことを視野に入れた事前準備を忘れがちです。多くの起業志望者が、あたかも起業そのものをゴールのように勘違いし、そのための準備しか行っていないのです。だから、いざ起業しても、短期間で倒産や廃業という事態に追い込まれてしまうわけです。

そこで、あなたにぜひ知っていただきたいのは、ただ単に起業を実現するためだけではなく、**起業して少なくとも5年は続けられるようにするための事前準備の方法**です。それ以上長く続けるには、経験を積んだ上での経営努力も必要になりますが、その前につぶれてしまっては仕方がありません。長年にわたって続けるためにも、起業前にしっかり準備することが重要なのです。

それでは、首尾よく起業して5年以上事業を継続している起業家は、どんな準備をしているのでしょうか。

もちろん、起業は千差万別ですから、人によってさまざまです。でも、うまくいっている人が準備しているもののなかに共通する項目がいくつかあります。また、いくら「起業前にしっかりとした準備が必要」といっても、何年も前からコツコツやればいいというものでもありません。経済環境の変化が激しいので、5年前に得た情報は陳腐化してしまいますし、年月が過ぎるうちに今やっている仕事に流されてしまい、いつまでたっても起業ができず、夢が夢で終わってしまうこともよくあります。

起業を決意したなら、1～3年後にターゲットを定めて、集中的に準備していくことが重要です。本書では、このような観点から、起業前に必ずやっておいていただきたい事前準備に焦点を当ててお伝えします。

手書きのノートが強力なツールになる

起業準備のためにお勧めしたいのが、手書きのノートを活用することです。

そのノートには、ビジネスのアイデア、経営ノウハウ、行動計画など、起業準備をしている過程で発生するさまざまな情報を記録していきます。とても原始的な方法のようですが、ノートをつけることによって、起業の計画を徐々にブラッシュアップしていくことができます。

「ノートなんかに書かなくても頭の中に入っているから大丈夫」という人もいますが、よほど記憶力が優れた人はそれでもいいでしょう。でも、ほとんどの人は覚えたことの大半を忘れてしまいますし、頭で考えているだけでは発想がぐるぐるとめぐるだけで、なかなか定まらないものです。起業するまでにせっかく十分な期間をかけて準備を行ったつもりでも、その過程で得た情報を記録していなければ、準備の効果はきわめて乏しいものとなってしまいます。

事実、起業して事業を軌道に乗せている起業家は、なんらかの形で起業の準備過程を記録しています。逆に、いつまでも起業できない人や起業してもうまくいっていない人は、記録を残していないことがほとんどです。起業準備の記録は、起業を実現させるまで、あるいは起業したあとでも、トラブルに直面するなど窮地に陥ったときに、自らを助けてくれる心強い指針となってくれるものなのです。

ノートをつけることによる効果は、主に3つあります。

1つは、頭でモヤモヤと考えていることを文字で可視化することによって、**思考が整理できる**ことです。起業を考えていると、多くのアイデアが浮かんできますが、それを書いて冷静に見返すという作業を繰り返すと、使えるか使えないかが判断できるようになります。また、多くの自己啓発の書籍などに書いてあるように、「目標は書くことによって実現する」ということもいえます。

2つ目は、起業準備に関する情報を一元化することによって、**不足しているスキルやノウハウが明確になる**ということです。起業してしまうと、忙しくなり、スキルアップのための時間がとりづらくなります。できるだけ準備段階で、事業運営のために必要なスキルとノウハウを身につけておくことが重要です。

3つ目は、**起業準備の進捗状況を確認できる**ということです。起業を実現するためには、計画的にさまざまな行動を起こすことが必要ですが、今どこまでできているのかをチェックすることによって、着実に起業実現に近づくことができるのです。

最近は、記録するツールとして、紙のノートではなくパ

▶手書きのノートがいい

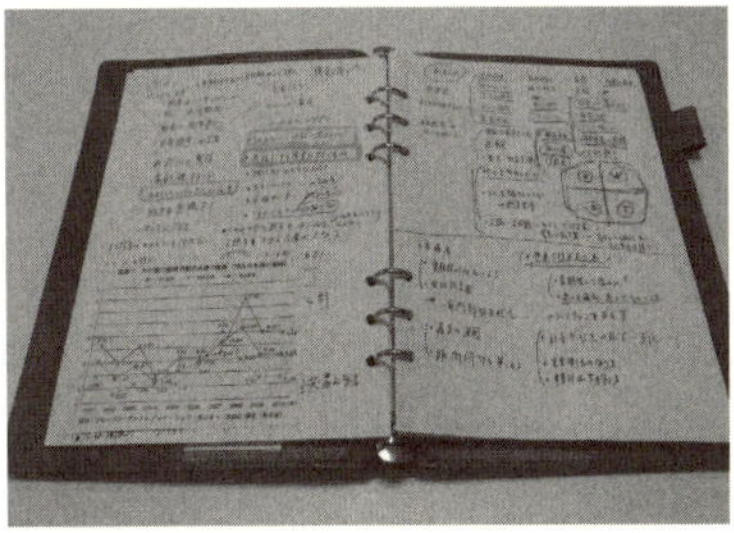

便利なデジタル機器がいろいろ登場していますが、「気持ち」を伝えるためにも、自分の手で書くことが大切です。

ソコンやiPadなどのIT機器を活用する人も増えていますが、私は手書きのノートがもっとも有効だと考えています。なぜなら、自分の手で文字を書くという行為が脳の活性化につながり、クリエイティブな発想が生まれやすいからです。

iPadやスマホのアプリには、手書きでメモが書けるものもありますが、使い勝手はノートのほうが勝ります。さらに、手書きのノートにはデジタルツールにない優位性があります。それは、あとで見返した場合に、書いたときの気持ちをまざまざと思い出させてくれるということです。

実は、起業に関しては、この「気持ち」、つまりマインドの保ち方がとても重要な要素になります。起業に二の足を踏む原因の1つが、「失敗して路頭に迷ってしまったらどうしよう」というような不安ですよね。起業準備の過程では、不安と、起業への熱い思いが交錯して、悩んでしまう日々が続くものです。その気持ちの葛藤を乗り越えた人だけが、起業という夢を実現することができます。

さらに、起業したあとも、常に高いモチベーションを保つことが、事業を継続するカギとなります。だからこそ起業準備では、ノートを活用し、手書きの文字を通じて自分の気持ちを整理することが非常に有効なのです。

あなたが使いやすい「起業ノート」を選びましょう

さあ、あなたが起業を考えているなら、さっそくノートを選びましょう。「起業ノート」として使うノートを準備することが、起業実現に近づく第一歩です。使うノートについては、「これでなくてはいけない」というような決まりはありません。かといって、簡単に妥協して選んではいけません。あなた自身のこだわりを反映させて、もっとも使いやすいものを選ぶ必要があります。

ノートを選ぶときには、とくに次の点を満たすことを意識してください。

1 携帯できるもの

起業準備は、必ずしも家の机の上でするものとは限りません。外出先でも、ちょっとした隙間時間を使って行うことが重要です。したがって、常に携帯できる必要があります。だからといって、必ずしも小さいものである必要はなく、あなたが携帯できると思えば、大きめのサイズでもいいのです。

2 何冊も使うことが前提

起業準備のためにノートをつけていると、書くことが膨大にありますから、とうてい1冊では足りません。私の場合は、2年間で10冊以上の大学ノートやバインダーノートを使いました。複数冊使っても問題なく保管できて、飽きのこないものを選んでください。

3 愛着がわくもの

人生の大イベントである起業について記録していくものですから、あなたが愛着をもてるものを使うべきです。ですから、昔買って使わなかったノートとかではなくて、「これなら好きになれる！」とピンとくるノートを、新しく買い求めることをお勧めします。

それでは、具体的にどんなノートがいいか考えてみましょう。
あなたにとって先ほどの1〜3の条件を満たすものであれば、安い大学ノートでも十分です。大学ノートにも多くの種類があります。サイズはA4から文庫本サイズのA6くらいまであり、中身も普通の罫線タイプのほか、方眼タイプ、無地などさまざまです。

小さいA6サイズだと、携帯性に優れるのですが、紙面が小さいのでたくさん書けないことと存在感が乏しいというデメリットがあります。逆にA4サイズだと、たくさん書けますが、大きいカバンでないと入りません。ですから大学ノートの場合は、B5かA5サイズあたりが使いやすいでしょう。罫線や方眼など中身のタイプについては、好みで選べばいいと思います。

「愛着」を重視すると、「モレスキン」や「ロディア」など、やや高価なノートを使うといいかもしれません。女性向けには、オシャレな手帳がたくさんありますね。また、かなり高価なものとしては、立派な皮のバインダーがついているシステム手帳があります。ちょっと重量がありすぎてやや携帯性に難がありますが、気にならなければそれで

▶気に入ったノートを探そう

自分に合ったノートや手帳を探すことが第一歩。手に取ってみて、ワクワクするようなノートを探してみよう。

もかまいません。

ただし、たとえ高価な手帳でも、ケチらずに大胆に使うことが大切です。「モレスキン」でも10冊使おうというくらいの心意気が求められます。

いずれにしても、大切な起業の準備に使うノートですから、あなたがもっとも好きになれて使いやすいノートを選べばいいのです。私の知人で、デザイン関係の事業を起業した人は、大型のスケッチブックを使っていました。もちろんカバンには入りませんが、いつも小脇に抱えて歩いていました。また、イタリアンレストランを開業した起業家は、3年間使える日記帳を起業ノートとして使い、3年かけて準備をしていました。

使うノートの種類は、途中で変えてもかまいません。最初は大学ノートがいいと思っても、数カ月後にモレスキンにグレードアップするのもいいでしょう。

いかがですか？　あなたも、「起業ノート」を選ぶことを考えただけで、ワクワクするのではないでしょうか。文具店でノートを選ぶという楽しみができましたね。

起業においては、ワクワクする気持ちを保つことがとても重要です。起業準備は、まず「起業ノート」を選ぶことがスタートなのです。

プランがない人でもノートをつけて起業できた

私が「起業ノート」をつけることの重要性に気がついたのは、金融機関で融資の審査の仕事をしていたときでした。

ある日、「高齢者介護の事業を始めたい」という起業家と会って、提出された事業計画書などを見ながら話をしていたときのことです。その人が、手元に数冊の大学ノートを持っていて、チラチラと眺めながらこちらの質問に答えていたのです。

興味をもった私は、「そのノートにはどんなことを書いていらっしゃるのですか？」と質問しました。

「いやお恥ずかしいのですが、起業するためにやってきたことを書いています」との返事だったので、見せてもらったところ、きれいな手書きの文字が整然と並んでいました。1日1ページのペースで書かれており、起業のために準備したことが、色違いのボールペンを使って記録されていました。

この人は、1年前に勤めていた会社をリストラされて、やむなく起業を考えたのですが、「最初はどんな事業で起業するか皆目見当がつかなかった」とのこと。ノートの初めの頃のページを見ると、「年齢的に再就職は難しいし、起業するとしても何をやったらいいのだ？」と、悩める心情が赤裸々に綴られていました。

それでも、数カ月後のページには、悩んだ挙句に、自分の経験や人脈が生かせる事業で起業することを決意した旨の、「やっぱりこれしかない！」という力強い筆跡の文字が書かれていたのです。その後の記事には、事業に関連する法令を調べた結果や、商工会議所の創業セミナーで勉強した内容など、事前準備を積み重ねたことが表れていました。

金融機関にとって、これから起業する人への融資は、事業がうまくいかない人が多いだけに、非常にハイリスクで判断が難しいものです。とくに、収支見通しは予測に過ぎないので、**その数字の根拠が納得できるかどうかが融資可否のポイント**となります。

このノートには、地域の人口の年齢構成など介護事業に関する市場分析データや、競合となる施設の詳細な調査結果も記録されていたことから、収支見通しを算出する根拠について、「これでもか」というほどの説得力がありました。

審査する立場だった私は、綿密な準備の軌跡が見えたので、事業計画書に書かれた収支見通しも実現可能性が高いものだと思うようになったのです。その結果、首尾よく融資OKとなり、この起業家は事業を開始することができました。それどころか、今や地域内の同業種で1、2位を争うほどの企業に成長しています。

このように、最初はプランがあやふやで迷っているような人でも、「起業ノート」をうまく活用することによって、起業を実現し事業を繁栄させることができるのです。

もっとも、単に起業に至る過程を日記のように記録するだけでは意味がありません。起業前に行っておくべき**事前準備をあらかじめ決め、それに基づいた行動を行っていくために「起業ノート」をつける**ことが肝要です。

「3つの壁」を乗り越える「起業ノート」

「起業ノート」は、起業の準備段階で活用するものですが、実は起業したあとでも事業を継続するためにとても役に立つツールとなります。

起業して、事業が継続できなくなる主な原因は、直接的には「資金が底をついてしまった」というものですが、その根底には「**起業家が直面する3つの壁**」があります。それは、「**アイデアの壁**」「**行動力の壁**」「**マインドの壁**」です。

「**アイデアの壁**」とは、実際に起業してうまくいかない日々が続くと、いつの間にか目先のことに一喜一憂して、新たなビジネスの発想を生み出そうとしなくなってしまう状態のことです。

ビジネスを軌道に乗せるには、常に売り上げを伸ばしたりコストを削減したりする方法を見つけ出す必要があります。起業の準備段階では、考えるだけで楽しいので、頭をフル回転させてアイデアをひねり出すものですが、実際に事業を始めると、日々の仕事に追われて、なかなかアイデアが出てきません。そんなとき、「起業ノート」を見返すことによって、創造力を働かせる姿勢の重要性を再認識することができます。また、「そういえば、こんなアイデアを考えていたんだ!」と、忘れていたアイデアを思い出して、事業を拡大させるきっかけになることもあるのです。

「**行動力の壁**」とは、事業がある程度軌道に乗った段階で直面する壁で、ビジネスを加速するために必要な行動力が鈍ってしまう状態です。

そうなる要因は、大きく分けて2つあります。1つは、やるべきことはわかっていても、つい気が抜けて怠けてしまい、行動に移そうとしないことです。「ある程度うまくいっているから、そんなに頑張らなくてもいいや」と油断してしまいます。

もう1つの要因は、タイムマネジメントがうまくいかないことです。時間的に受注した仕事をこなすことで精一杯になり、新たな受注を確保するためのマーケティング活動などに労力をかけていない状態です。

いずれも売り上げが先細りになり、最悪の場合、事業が続けられなくなってしまう懸念があります。こうした事態を避けるために、準備段階で、軌道に乗っても気を抜くことなく行動することの大切さを認識しておくことが重要です。

「起業ノート」に各ステージ（スタートアップ期、1年後、2年後など）に行うべきタスクを明記しておき、起業後に実行できているか確認していくことを繰り返すと、着実に前進することができるのです。また、タイムマネジメントの面では、タスクの優先順位や緊急度を考慮して、効率的な時間の使い方をするノウハウを「起業ノート」に記録しておくとあとで役立ちます。

最後の「**マインドの壁**」は、マインド、つまり心が折れてしまいそうになる状態です。起業すると、サラリーマンとは異なる試練が待っています。たとえば、商品やサービスを

▶起業家が直面する3つの壁

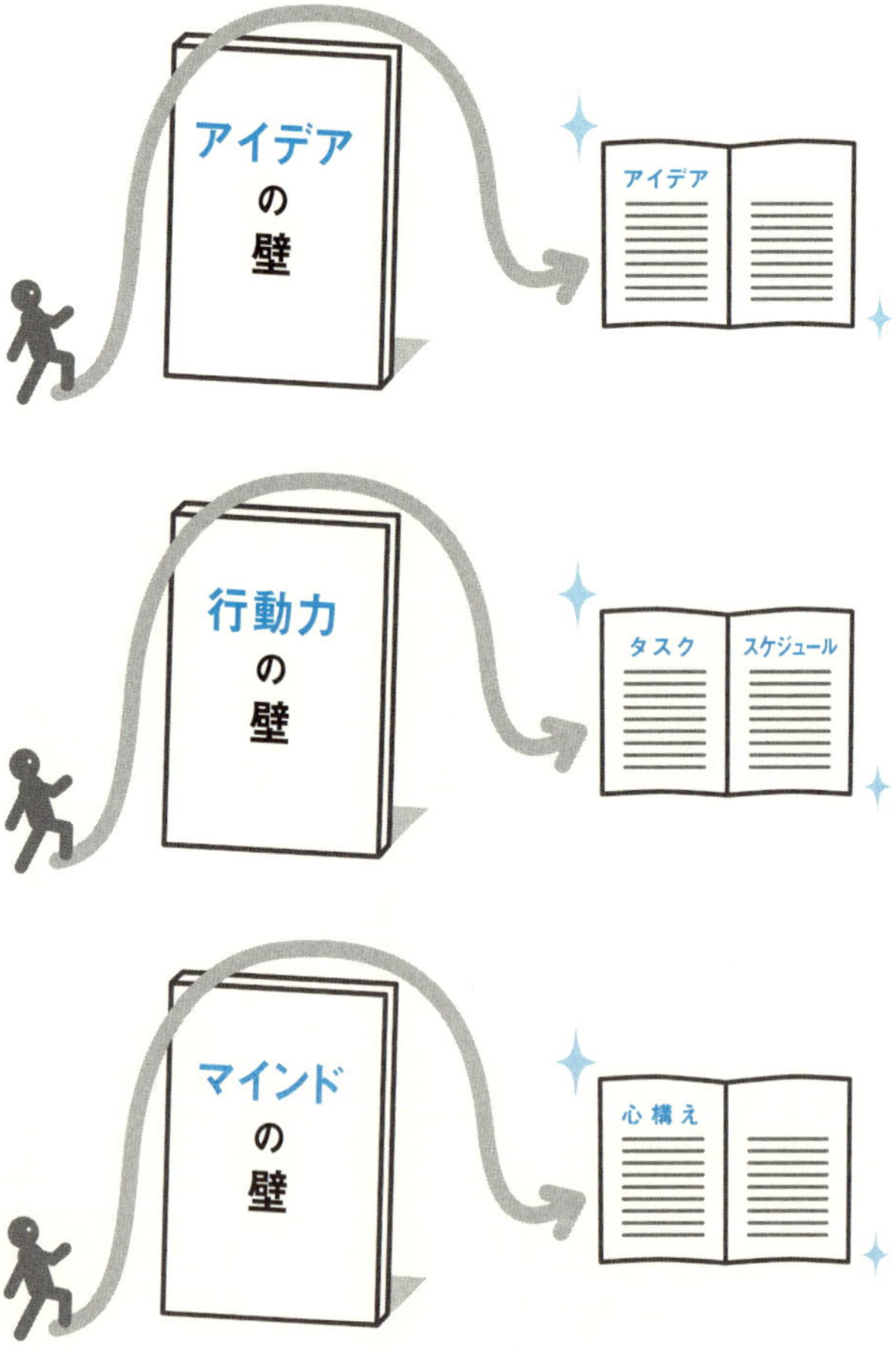

「起業ノート」があれば乗り越えられる

売り込んでも断られ続けてしまうとか、従業員をうまく使うことができないことで悩んでしまうなどです。また、資金繰りのことで頭が一杯になってしまうこともあります。

精神的につらい場面に直面しても、心が折れずに乗り越えられる起業家だけが事業を繁栄させることができます。起業の準備段階で、企業経営に伴うリスクを想定したり、メンタルタフネスを鍛えたりしておくことが重要です。起業後も「起業ノート」のマインドに関する記事を見直すことで、自分を勇気づけることが可能になります。

このように、起業後に、準備段階で書いた「起業ノート」を振り返ることで、立ちはだかる3つの壁を乗り越えて、事業を長く継続させることができるのです。

自分のモチベーションを高めるメッセージを書こう!

さあ、「起業ノート」の準備はできましたか?

ノートの準備ができたら、最初の一歩を踏み出しましょう。一歩とは大それたことではなく、「書き始める」という小さな行動です。

新しいノートをパラパラとめくってみてください。あなたは、書くスペースが多くて、「こんなに書くことあるのだろうか？」と思うかもしれません。でも、いざ準備を始めると、広大だと思ったスペースが狭いと感じるほど、書くことが次から次へと湧いてきます。まず1ページ目に、あなたの今の気持ちや「起業」に対する思いを書いてください。

どのように書けばいいかわからないあなたのために、実際に私自身が書いた内容をご紹介します。

・自由を手に入れる
・起業して金持ちになる
・でも商売には向いていないんじゃないか
・夢を夢で終わらせていいのか？
・ノーペイン、ノーゲイン
・サラリーマンはもう嫌だ
・あいつができるのに俺にできないわけがない
・人に指図されて働くのではなく、自分の力で稼ぐのだ！

・路頭に迷ったらどうしよう
・そんな後ろ向きなことは考えるな、常に前向きに！
・目標を紙に書けば実現するのだ

このように、私は、そのときの気持ちを脈絡なく書いていました。でも、ノートの1ページ目を下手な文字で埋め尽くした瞬間から、「絶対に起業して成功する」というモチベーションが湧き上がってきたのを実感しました。つまり、私の場合は、ノートの1ページ目を埋めただけで、「動機を固める」という成果があったのです。

この時点では、どんな事業を始めるのか未定の状態でしたが、以来、約2年間ノートを書き続けて、起業を実現させることができました。

あなたも、まず1ページ目に、今の正直な気持ちを書いてみてください。ノートは誰に見せるものでもないので、自分の心を素直に文字にすることが大切です。できるだけ大きな文字で、明確に書いてください。

また、後日コメントを付け足すこともありえるので、スペースを無駄使いするくらいに余裕をもたせておきましょう。

もちろん、1ページ目で動機を固める必要はありません。まずは、あなたの「起業」に対する思いや不安など、頭の中でモヤモヤと考えていることを可視化することに意義があります。

とくに何か結論を出そうという意識は不要です。漠然とした内容でもかまいません。書き方も、罫線に沿ってきれいに並べて書こうが、罫線を無視して空に浮かぶ雲のようにあちらこちらにちりばめて書こうが、あなたの好きなスタイルで結構です。

ただし、1つだけ守っていただきたいルールがあります。それは、「**自分のモチベーションを高めるメッセージを残す**」ということです。もし「路頭に迷ったらどうしよう」などネガティブな記事をたくさん書いたとしても、次のページに移る前には、「大丈夫、しっかり準備すれば成功する」といった前向きなコメントを残すわけです。ある

▶1ページ目には「気持ち」を書く

ノートを開いたら、まず起業に対する自分の思いを大きく書きましょう。前向きな思いにすることがポイント。

いは、あなたにとって、やる気が出るような格言や目標とする人物の名前など、起業実現に向かうためにプラスに働くような内容で締めくくってください。

このノートはあくまでも「起業ノート」ですから、1ページ目で起業を諦めるようなことがあってはならないのです。

もちろん、今後ノートを書き進めていくうちに、起業を断念することもありえますが、スタートでくじけてしまうのでは、自分に自信が持てなくなってしまいかねません。起業を実現するためには、この1ページ目が肝心なのです。自分の気持ちを率直に書くのと同時に、必ずモチベーションを高めるコメントを加えることを意識してください。

ノートの最初に「書くことチェックリスト」を貼っておく

ここでは、起業のための準備に何が必要かということについてご説明します。起業を実現させて事業を続けていくための事前準備として、およそ次のような項目があります。

1 動機と理念を固める

起業を実現するためには、「なぜ起業するのか」という質問の答えをしっかりと確認して、強い目的意識をもたなければなりません。

同時に、どんなことを理念として起業するのか、できるだけ早く固めておく必要があります。理念を固めずにビジネスを始めると、目先のことにとらわれて不安定な企業になってしまいます。起業を考えたら、早いうちに理念を固める必要があるのです。

2 スケジュールを策定する

起業したいと思っても、具体的にスケジュールを決めなければ、日々の仕事や生活に流されて、いつまでたっても実現しません。本当に起業したいなら、まずは具体的な時期を定めて、そこから逆算して行動スケジュールを決め、実行していくことが重要です。

3 ビジネスモデルを検討する

起業がうまくいくかどうかに関して大きなカギを握っているのが、「どんな事業をやるのか」ということです。

したがって、起業準備の中でも、ビジネスモデルを構築することはもっとも重要だといっても過言ではありません。

ビジネスは、「誰かの困っていることを解決することだ」といわれます。でも、ボランティアで続けることはできないので、お金をいただくことが前提になります。「誰に何をどのようにして売るのか」を考えて、売り上げから原価などのコストを差し引いても、しっかりとお金が残るビジネスを考えることが必要です。

4 起業家としてのマインドを強化する

起業準備において見逃されがちなのが、心、つまりマインドを強化することです。事業を始めると、「売り上げが予想よりもはるかに少なかった」など、難局に直面することが多いものです。すると、不安になり、心が折れてしまう起業家も少なくありません。逆に、事業がうまくいって儲けると、天狗になって浪費に走ってしまう起業家もいます。

こうした心の変化は、事業が長く続かない要因となるものです。

したがって、起業家が陥りやすい心の問題をあらかじめ知って、マインドを強化しておくことが重要です。

5 足りないスキルとノウハウを補う

たとえ経験を積んだ分野でビジネスを始めるにしても、いざ起業するとなれば、サラリーマン時代とは異なるスキルを身につけなければなりません。

大手家電メーカーでデジカメを設計していたエンジニアが、画期的なカメラを発明して起業する場合を想像してみてください。カメラをつくることはできても、それを売るためのマーケティングのスキルがなければ、売り上げを確保することはできません。こうした足りないスキルやノウハウを洗い出して、補っておくことが必要です。

6 ビジネスに必要な人脈を形成する

売り上げにつながる取引先を確保するためだけではなく、ビジネスに必要な情報を得るためにも、人脈を形成することは重要な要素です。また、起業すると、多くの人と交渉しなければならない場面が出てきます。ビジネスを優位に進めるためには、対人交渉力を高めることも欠かせません。

7 事業計画を練り上げ、経営資源を整える

「起業ノート」で準備を進めたら、いざ起業を実現するための最終仕上げとして、事業計画を練り上げるという作業が待っています。「事業計画書」の主な目的は、人に見せるということです。とくに、起業資金を調達するために、資金を提供してほしい人や金融機関に対して、「なるほど成功しそうな事業だ」と納得してもらえるものにしなければなりません。

また、自分自身の行動計画書としての「ビジネスプラン」も作成して、経営資源（人・モノ・金・情報）を整えながら、いよいよ起業のスタートを切る準備をします。

以上の項目は、起業準備過程において同時並行的に進めていくことが必要です。そこで、これらを「**書くことチェックリスト**」として紙に書き、「起業ノート」の表紙

▶チェックリストを貼っておこう

「起業ノート」に書くべき項目をチェックリストにして、表紙の裏側に貼っておきましょう。書き漏れを防げます。

の裏に貼っておくことをお勧めします。毎日これを眺めることにより、起業準備に必要な行動をもれなく行っていくことが可能になるのです。

試行錯誤はすべて記録に残しなさい

「起業ノート」は、基本的には人に見せるものではなく、自分のためにつけるものです。ですから、**「見栄えよく書こう」という意識は捨ててください**。思いついたことや準備したことを忘れないように、躊躇なく書いていくことが重要です。

ただし、あとから見直すこともありますので、雑すぎて自分が読めないと意味がありません。それだけ気をつければ、形式は気にする必要はないのです。

変わった使い方では、ノートに線を引き9コマに分割して「マンダラメモ」のように書いていくとか、ページの中央にテーマを置いて、マインドマップ形式で展開していくなどの方法もあるでしょう。とにかく、あなたが書きやすい形式で、次々と記録していけばいいのです。

ノートの使い方はいろいろ

1冊ずつ使い切っていく

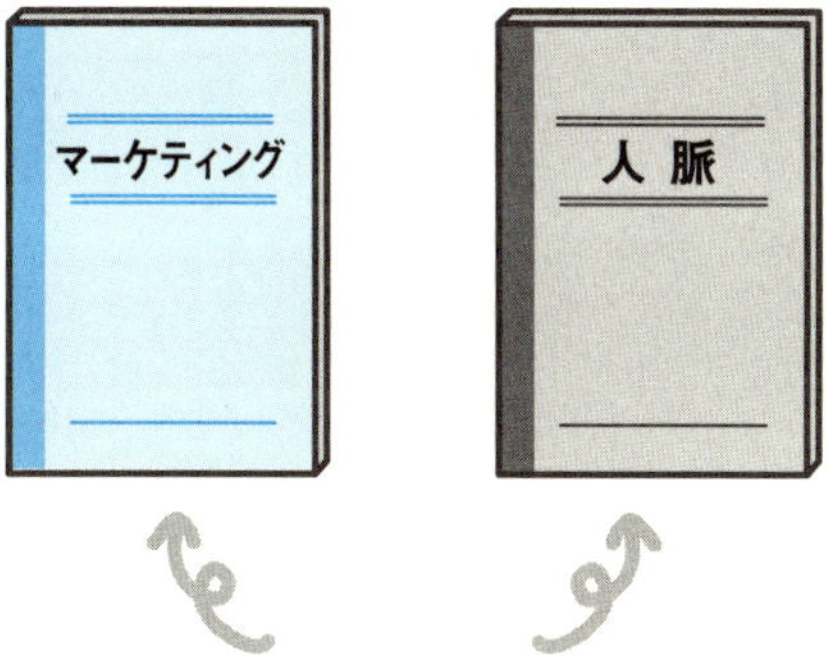

テーマごとに分ける

次に、複数のノートの使い方について述べると、「起業ノート」を書き始めた当初は、1冊のノートを日記のように日付ごとに記録していって、**使い切ったら次のノートを使う**という方法でいいでしょう。数カ月経過して書き慣れてくると、「ビジネスモデル」や「人脈形成」など、**重要だと思う項目ごとに別のノートにまとめていく**やり方も必要になってきます。

さらに、「起業ノート」は書くだけではなく、起業の準備段階でやるべきタスクを抽出し、実際に行動することに意味があります。ノートに書いているだけでは、頭でっかちになるだけで、起業後に必要な実践力が身につかないからです。起業後に、初めて実行して失敗するのでは、痛手が大きくなります。起業準備中にできる行動は、可能な限りトライして失敗パターンも体験しておかなければいけません。

起業前のサラリーマンのうちにできることとしては、たとえば人脈づくりがあります。現在勤めている会社の取引先が起業後の顧客となる可能性があるならば、その担当者に対して事務的に接するのではなく、あなたの人間性を理解してもらい信頼を得られるように、突っ込んだ付き合いをするのです。時期をみて「半年後に独立する予定なので、そのときは取引していただけないでしょうか」と、話をするところまで持っていけるとベストです。

起業したあとでなければできないと思えるようなこと、たとえばマーケティングなどについては、疑似体験をしておくことが有効です。勤務している会社の仕事で、新たな商品を売るためのマーケティングを企画する場などがあれば、その絶好のチャンスです。市場に対してどのように自社の商品を訴求すれば集客できるのか、といったことを考えて実践することは、あなたが起業後にマーケティングを行う場合に重要なスキルとなります。

このように、**起業前に実践できることは、できるだけすべてやっておく**ことが大切です。また、起業家に求められる欠かせないスキルは「行動力」です。起業家の中には、実際に起業してから「あれもやらなきゃ、これもやらなきゃ」と焦るだけで、行動するどころかフリーズしてしまう人もいます。起業準備段階から、「**思い立ったら、まず行動**」ということを習慣にしておきましょう。

第2章

なぜ起業したいのか ノートに書いてみる

10年後、何をしていたらワクワクできるか考えよう

「いつかは起業したい」と考えている多くの人が、実際には行動を起こせず、何年もたってしまうのは、起業に対する燃え上がるような思いがないからにほかなりません。

確かに会社を辞めて起業することには大きなリスクが伴います。そのリスクを承知の上で、「どうしても起業したい」という熱い思いがなければ、無理に起業するのはやめたほうがいいでしょう。

もしあなたが「サラリーマンとして徐々にキャリアアップを図る人生がいい」とお考えなら、迷うことなくその道を進めばいいと思います。でも、あなたが本書を手に取ったということは、そうした人生に疑問を感じているのではないでしょうか。

そこで、あなた自身の**10年後の姿をいくつかのパターンで想像してみてください**。たとえば、10年後も今の会社に勤めていて高い地位に出世し、多くの部下をマネジメントしている姿です。あるいは、起業して、いろいろと不安を抱えながらも刺激的な毎日を送っ

ている姿もあります。どんな事業で起業するかは、多くのバリエーションをもって想像してみてください。私の場合、結果的には経営コンサルタントになりましたが、「スポーツジムの経営」や「カーレースのチームをつくってF1で優勝する」など、好き勝手に妄想していました。

そのほかのパターンとしては、サラリーマンを続けながら、週末を利用して事業をしている姿や、別の会社に転職している姿などもあるかもしれません。想像するだけですから、「できる、できない」は度外視して、さまざまな姿を思い浮かべてみてください。また、どんなパターンの場合でも、必ずうまくいっている姿にしてください。

さあ、想像した10年後の姿のうち、どれがもっともワクワクしますか？

あなたが**起業している姿にワクワク感を覚えるなら、迷わず起業することを志すべき**だと思います。人生は一度

▶ノートをみてワクワクしたら、起業だ！

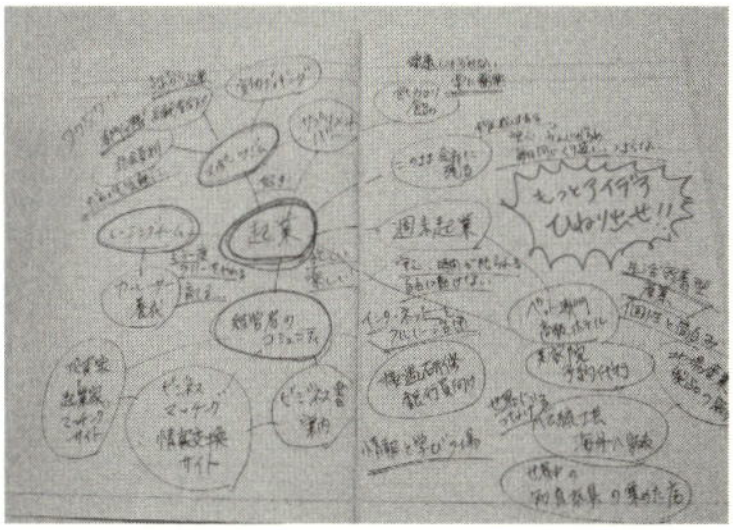

起業のプロセスをノートに書き込み、読み返してみましょう。楽しい感じやワクワク感があれば、起業に向いています。

きりです。なんとなく現状に流される人生を送っても、波瀾万丈ながらもワクワクして楽しい人生を送っても、80年くらいで終わってしまいます。あとで後悔するくらいなら、ワクワクする人生を送りたいとは思いませんか。人によって左右される人生よりも、自分の人生は自分自身でデザインしたいと思いませんか。

もちろん、起業にはリスクがつきものですから、少々のワクワク感があるだけでは、不安のほうが勝ってしまい、起業を実現させることはできないでしょう。だからといって、簡単に起業をあきらめたのでは、あとで後悔する人生になりかねません。

そこで、「起業ノート」をうまく活用すれば、起業に対する「ワクワク感」を、どうしても起業したいという「熱い思い」に高めることが可能なのです。逆に、いくら「起業ノート」を書いても、「熱い思い」が湧かないとすれば、起業する以外の人生を選んだほうがいいという結論になります。

いずれにしても、あなたが、なんとなく起業を考えているなら、いつまでもモヤモヤ考えているより、「起業ノート」を書くことによって、起業すべきか・しないか、しっかりと見極めることが重要です。

「でもしか起業」を「前向き起業」に変える

ところが、実際に起業した人のプロセスを見ると、必ずしも「ワクワク感」を覚えていない場合も多いのが実態です。

たとえば、「勤めていた会社が倒産してしまった」「会社からリストラされた」などがきっかけで、やむをえず起業した人がいます。最近では「大学卒業を控えて就職活動をしたけど、内定がもらえず起業するしかなかった」という若者もいました。

私は、このような、ほかに仕事が見つからないなどの理由から、仕方なく「起業でもするか」「起業するしかない」という動機で起業するパターンを、「でもしか起業」と呼んでいます。

「でもしか起業」をした人は、夢に満ち溢れてというよりも、「仕方なく」という後ろ向きな気持ちで起業した人がほとんどです。多くの場合、事業の内容も、自分の経験でできる範囲の小さな事業や、フランチャイズに加盟しての事業など、限られてしまう傾向にあります。動機が弱く準備が乏しいため、成功する確率もおのずと低くなります。

しかし、「でもしか起業」の人でも、「起業ノート」を活用して準備をすれば、**起業に対して「熱い思い」を抱けるようになり、「前向き起業」に変わることができる**のです。

Aさんは、愛知県で精密機械の製造業を起業して、右肩上がりに業績を伸ばしている経営者です。もともと東京で大手企業に勤めていましたが、町工場を経営していた父親の会社が倒産してしまいました。自己破産するなどして、倒産の後処理は終わりましたが、両親は仕事もなくなり、Aさんに助けを求めてきました。Aさんは年老いた親の面倒をみるために実家に戻ったのですが、地元で就職しようとしてもなかなかいい仕事が見つからなかったのです。

そこでAさんは、自分で新しい事業を起こすことを考え、「どうせ起業するなら儲かる事業をやろう」と決意しました。ノートに事業のアイデアや資金計画を書きながら、自分の経験と父親が持っているスキルを生かせる事業を考えたのです。その結果、画期的な機械を発明することに成功し、順調に収益を得られるようになったのです。

Aさんの起業も、サラリーマンを続けるつもりだったのに、親の事情がきっかけで起業するしかなかった「でもしか起業」です。それでも、ノートを使ってビジネスのアイデアを考えて、自分が培ったノウハウに父親のスキルを加えることを思いつき、事業を成功させることができたのです。

起業して事業が軌道に乗るかどうかは、起業の動機にかかわらず、**いかにしてモチベーションを高めるか**、あるいはビジネスのアイデアをブラッシュアップするなど、**しっかりとした準備ができるかどうかがカギとなります。**Aさんのように、起業の動機は必ずしも前向きな内容でなかったとしても、ビジネスのアイデアを練り上げるなど、しっかりとした準備をすることによって、モチベーションを高めるとともに成功確率を格段に上げることができます。

「でもしか起業」を「前向き起業」に変えて事業を成功させるためにも、「起業ノート」はとても有効なツールとして効果を発揮するのです。

起業のメリットとデメリットを書き出す

「いつか起業したいと思うけど、なかなか踏み出せない」という人は、頭の中で「ああでもない、こうでもない」とモヤモヤ考えるだけになってしまいがちです。そこで「起業ノート」に、起業した場合のメリットとデメリットを書き出してみる作業をお勧めします。

一般的には、次ページの表のようなメリット・デメリットが考えられます。

この表は一般的に考えられるものを記入しているので、あなたならではのメリットとデメリットを書き出してみてください。

たとえば、数年ごとに転勤することを求められる会社に属している人であれば、「転勤せずに定住できる」ということがメリットになるでしょう。起業を考えると、スキルを高めるなどいくつかのハードルを乗り越える必要がありますが、ここではそういった点を気にする必要はありません。

こうして表に書き出してみると、起業することによるメリットとデメリットが明確に見えてきます。デメリットの内容に着目すると、収入面が安定しないことやうまくいかなかったときの不安がとても大きな要素であることがわかります。

ということは、**うまく儲かるビジネスを始めて稼ぐことさえできれば、これらのデメリットは解消する**わけです。もっとも、一時的に稼ぐだけではなく、継続的に利益を上げなければならないので容易ではありませんが、それが実現できれば、起業することによる

▶起業のメリット・デメリット

起業することによるメリット

・うまくいけば、収入が増える
・人に指図されず、自由になれる
・人生が刺激的になる
・自己実現が図れる
・自分の成長を実感できる
・やりたいことがやれる
・休みは自分で決められる
・満員電車に乗らなくていい
・社会貢献ができる
・付き合う人を選べる

起業することによるデメリット

・収入が安定しない
・交通費が支給されない
・病気になると、収入が途絶える
・不安が多くなる
・孤独になる
・失敗すると、路頭に迷う
・クレジットカードがつくりにくくなる
・忙しくて休みがとりにくくなる
・税務申告は自分でやらなければならない
・雑用も自分がやらなければならない
・今の職場の同僚と疎遠になる

メリットを享受できるのです。

実は、起業のメリットとデメリットを書き出す作業は、起業のデメリットを解決しようという意欲を喚起するためのものでもあります。デメリットの大半は、事業を軌道に乗せれば解決するものであることが認識できるのです。逆に、書き出したデメリットを眺めて、「これらは自分にとって、とうてい乗り越えることができない」と思う間は、起業するのはやめたほうがいいでしょう。

また、**この作業は、起業を決意したあと、具体的にやりたい事業が見えてきてから再度行ってみる**ことが有効です。その時点で、起業に伴うデメリットを考え、それを乗り越えることができるかどうか自己確認することで、起業への決意がより強固になるとともに、事業を成功させるために準備すべきことが明確になるからです。

下世話な欲望があったほうが起業はうまくいく

中小企業庁の「中小企業白書（2011年版）」をみると、起業の動機に関するアンケート調査結果が出ています。

このアンケート結果では、「仕事を通じて自己実現を目指したい」「自分の裁量で自由に仕事をしたい」「社会に貢献したい」といった回答が上位を占めています。実際、私が、これまで起業志望者に対して「起業したいと思う理由は何ですか?」と質問をすると、ほとんどの人がこのような回答をしています。

ところが、「もっとほかにも動機があるでしょう?」と突っ込んで聞くと、「金持ちになりたい」「実業家として有名になって歴史に名を残したい」といった、欲望的な動機がある人も少なくありません。中には、「モテるようになって、アイドルと付き合いたい」という強者までいました。

実は、私の経験では、起業動機にこのような**下世話な欲望がある人のほうが、事業を軌道に乗せることに成功している**のです。

起業して事業を長く続けるためには、原動力となる強い動機が欠かせません。事業をしていると、必ずといっていいほどさまざまなトラブルに直面して心が折れそうになることがあります。そうしたトラブルを乗り越えて、事業を継続させるためには、「社会貢献したい」といった立派な動機だけではなく、「私利私欲」から湧き出てくる動機も必要なのです。事業活動を続けるためにもっとも重要なのは「利益を出し続ける」ということですから、「儲けたい」という意欲はとても大切なのです。

もしあなたに、起業して実現したい下世話な欲望があるとすれば、成功する確率が高いと思ってください。そのような動機は、あえて人にいうべきことではありませんが、「こんなことを考えているのはよくないのだろうか……」と思い悩む必要はないのです。

また、一般的な起業の本や起業セミナーなどでは、「今の会社がイヤだから起業したい」といった「後ろ向きの動機ではうまくいかない」といっていることが多いと思いますが、私はそれも事業を成功させる原動力となる立派な動機だと断言します。

そのような気持ちは、「自分が置かれている状況をなんとか変えたい」という強い改善意欲の表れだからです。もちろん、成功するためには、今の仕事のプレッシャーから逃げる目的だけでは足りず、それに加えて「つらくてもしっかり自分で稼ぎたい」という強い動機も持ち合わせている必要があります。

起業の動機は必ずしも1つである必要はなく、たとえば「自己実現を図りたい」「社会貢献したい」「金持ちになりたい」という複数の動機から起業を決意することもありえます。堂々と人に話せるような立派な動機だけではなく、下世話な欲望も併せ持っているなら、それも「起業ノート」に書き込んでおくことをお勧めします。

起業の動機は人によってさまざまですが、重要なのは、起業準備の段階、あるいは起業後に**多くの困難に直面しても、それを乗り越えていく原動力になるよう、常にしっかりと認識しておく**ことです。心が折れそうになったとき、以前に書いた下世話な動機を見返すと、当時の気持ちがよみがえり、問題を乗り越えていこうという活力が自然と出てくるものなのです。

社会貢献と自分の利益を両立させる

最近、私は「起業して地域や社会に貢献したい」という若者からの相談を受ける機会が増えています。その内容

▶下世話な動機も書いておこう

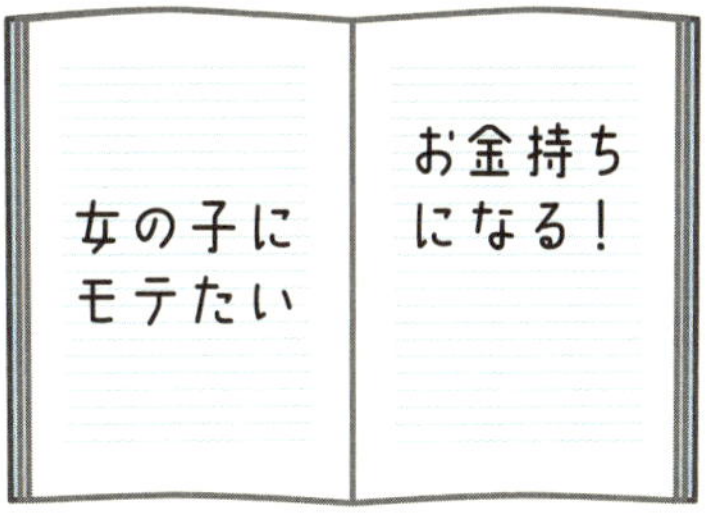

モチベーションを高めるためには、他人に話せないような下世話な理由も必要です。きれいごとばかりでなく、ストレートな欲求も書き込みましょう。

は、地域の高齢者の問題を解決するための事業や、過疎化が進んだ地域の活性化を図る事業などさまざまです。こうした事業をしている人たちは「社会起業家」と呼ばれており、人々の共感を得ています。彼らの多くは、「お金儲けをしたいのではなくて、世のため人のために役立つことをしたい」という高い志をもって、一生懸命に社会貢献する活動へ身を捧げようとします。

それは賞賛に値することですが、彼らの事業は収入を得るのが容易ではないので、続かないことが多いのが問題です。長続きしないのでは、十分に社会貢献ができているとはいえません。また、せっかく起業した起業家自身も、自分の給料がとれないため、貧乏暮らしを余儀なくされ、「貧すれば鈍する」という状態に陥りかねません。

ですから、社会貢献を第一に考えて起業する人も、必ず**「自分たちの利益をどうやって確保するか」という視点を忘れない**ことが重要です。地域の人や社会が求めるいい企業であれば、なんとしてでも長く続けることが課題となります。そのためには、どこかで課金するシステムをつくり上げて、お金が回るようにすることが必要です。社会貢献を目指す起業家の中には、儲けることに引け目を感じている人も珍しくないのですが、もっと自分の利益をしっかりとれるモデルを考えるべきです。

志の高い起業目的だけではなく、どこでお金を稼ぐのかについてもノートに書いておくべきです。具体的なビジネスプランはすぐに書けないかもしれませんが、**「利益を上げる」という言葉は大きく書いておく**べきです。

社会起業家でなくても、利益を上げ続けることができる起業家は、必ずなんらかの形で社会に貢献しているものです。利益を上げているということは、誰かが求める商品やサービスを提供しているといえます。儲かった分、税金を払えば、間接的に社会に貢献していることになります。また、従業員を雇えば、地域の雇用創出に貢献します。

さらに、あなたが社会貢献を志すなら、もっと大きく日本全体を盛り上げるようなビジネスを考えてみてはいかがでしょうか。現代日本は、表面的には誰もが平和に暮らせるよい国のように見えますが、国際問題、財政や経済の問題、社会問題など、多くの問題を抱えています。かつては世界を股にかけて隆盛を誇っていた数々の日本企業の国際競争力は低下し、サラリーマンの給料もなかなか上がらないのが実態です。このままでは日本の将来には、明るい材料を見出せないというのが多くの人の見方でしょう。

もし、まったく新しいビジネスを生み出す起業家が数多く出てきて、自らの目標を達成することができれば、今の閉塞感が漂う日本を変える原動力になるに違いありません。あなたも「自分はそんな器ではない」と思うのではなく、広い視野をもって稼げるビジネスを始めることを考えてみませんか。

メディアで華々しく紹介される起業家にダマされるな

起業を志すようになると、新聞や雑誌などメディアに華々しく登場する起業家の姿が目につくようになります。メディアでは、斬新なＩＴ関係のビジネスなどで起業し、いかにも成功しているような起業家を紹介しています。

しかし、そのような起業家たちがやっているビジネスは、珍しいので話題にはなりますが、必ずしもうまくいっているとは限らないことに留意が必要です。実際の売り上げはさほど上がっていなかったり、コストがかさんでいたりして赤字が続いているという企業も珍しくありません。

彼らのビジネスを見ていると、「起業するには誰も思いつかない斬新なアイデアが必要だ」と理解しがちです。しかし、アイデアだけでビジネスを軌道に乗せられるとは限らず、むしろ多くの起業家は飲食店など旧来型のビジネスで収益を上げています。ですから、メディアに華々しく登場している起業家を見て、「とてもあんなふうにはなれない」とあきらめる必要はないのです。

一般的には、「起業」というと、最初から人を雇って大きくスタートするような事業を指すことが多いと思いますが、本書では、個人企業で小さく始める事業も「起業」ととらえています。

個人で自分のやりたいことで独立する「家業」や「生業」のレベルであっても、採算ラインの収益を上げて継続できれば立派に「起業」といえるのです。

起業して事業を繁栄させていくために必要なのは、有名になることではなく、継続的に収益を上げていく仕組みをつくりあげることです。メディアに登場する起業家たちの華々しさに憧れても、そのまま彼らのビジネスがうまくいっているものと鵜呑みにしないことが大切です。

メディアに登場する起業家のように華々しくはなくても、**小さく起業してうまくいっている起業家はたくさんいます**。有名な起業家の姿を見ても引け目を感じることなく、あなた自身に合った起業スタイルを探してください。

ただし、有名起業家の記事は大いに参考にすることができます。とくに、ビジネスの着眼点や起業プロセスは参考になるものも多いので、読んでみて、**あなたの起業に役立てられそうな内容があれば、スクラップして「起業ノート」に貼っておくといい**でしょう。

また、記事を読むだけではなく、その企業のウェブサイトや店舗を見たり実際に商品やサービスを買ってみたりすると、より起業準備に参考になるノウハウが得られると思います。

とくに気になる起業家がいたら、会いに行って話を聞くというくらいの積極的な姿勢も必要です。

もっとも、有名になった起業家は忙しいので、簡単には会ってくれません。うまく会ってもらうためには、アポイントを取るときに、その起業家が欲するような情報をもっていくことを説明するなどの工夫が求められます。

▶有名起業家の記事をスクラップ

新聞や雑誌に出ている経営者の記事で面白いもの、感銘を受けたものがあったら、迷わずノートに貼っておきましょう。のちに参考になることが多いです。

起業家の平均値は気にしない

起業を志す人の相談を聞いていると、「みんなどのような感じで起業しているのですか？」と、ほかの起業家のことを気にするような質問を受けることがあります。つまり、「平均的な起業家のやり方に近い方法をとれば、うまくいく」という発想をするのです。

とくに、「資金をいくらかけているか」「どんな準備をしているか」「売り上げはどれくらいあるのか」などが気になる様子。日本人は、「ほかの多くの人がやっていることに影響されやすい」といわれますが、起業しようとしている人でもそのような傾向があるようです。

政府系金融機関である「日本政策金融公庫」の総合研究所が毎年発表している「新規開業実態調査」（日本政策金融公庫の創業融資を利用した起業家へのアンケート調査）をみると、「開業にかけた費用の金額」や「開業前の予想との相違」など、ある程度平均的な起業家の姿が見えてきます。起業家の平均値が気になるなら、参考にするといいでしょう。

しかし、起業家は千差万別であり、起業家の平均的な姿を知ることができたとしても、あなた自身の起業準備の参考にはならないでしょう。起業してうまくいくためには、平均的な起業家を目指すのではなく、**むしろほかの起業家との違いを追求することが重要です**。

ある程度、起業家の平均的な姿を把握しつつも、「人は人、自分は自分」と考えて独自の起業スタイルをみつけることが肝心です。ほかの起業家の平均値を気にし過ぎるのではなく、自分が目指す夢や目標を、自分のスタイルで追い求める強い姿勢が求められます。

また、起業に際しては、必ずといっていいほど競合する同業他社があるので、ターゲットとする顧客に対して自社の強みをアピールしなければ、競争に負けてしまい、十分な収益を上げることはできません。

たとえば、イタリアンレストランを開業しようと思えば、店を出す予定地の周辺の飲食店を調査して、それらとは違うアピールポイントをもつ店をつくる必要があります。つまり、平均的な起業家のマネをするのではなく、自社が顧客から認識してもらうためには独自のブランディングが欠かせないのです。

事業をするのに、人と同じようなことをしようとしていては競争力が乏しく、競合他社との差別化が図れないことになってしまいます。会社に勤めている間は、あまりにも人と違う発想や行動をすると、注意されることがあるかもしれません。しかし、起業を志すなら、いかに**「人とは違うこと」「人がやっていないこと」を見つけて実行していく**かが、成否を分けるカギだといえます。

あなたもぜひ、起業の準備の段階で、一般的な人とは違う考え方や行動をする練習をしておいてください。そのためには、**競合他社との違いを常に意識して、「起業ノート」に思いつくだけ書いていく**ことです。たとえば、想定するライバル店に食べに行って気づいた点や、自分ならこうしたいと思った点など、想像しながら楽しく書いていくと、今まで気づかなかった他社との違いや自分の強みなどがおのずと見えてくるものです。

▶他社との違いを意識して書く

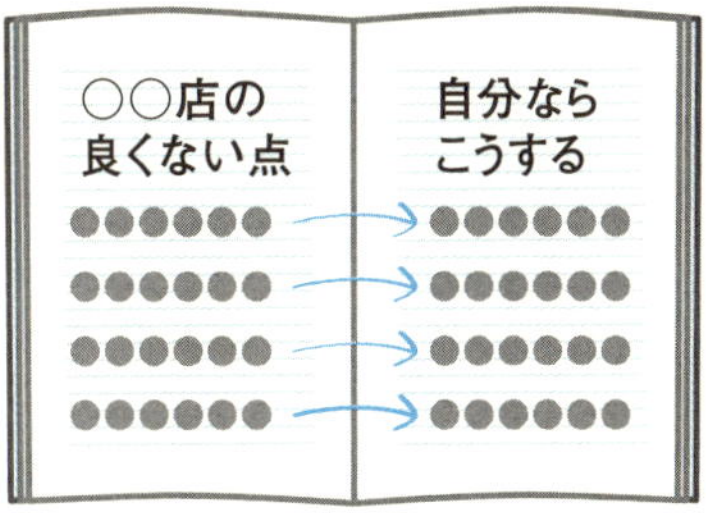

日頃から「起業ノート」に競合先との違いや差別化する点などを書いていきましょう。自分の強みがわかってきます。

女性起業家にみる幸せ起業術

昨今は、女性の起業家が増えているといわれています。私の事務所にも、女性で起業を志す人が相談に来ることが多くなりました。女性起業家をみていると、男性起業家とは明らかに異なる特徴があることに気づきます。

「起業ノート」の話からは少し脱線しますが、起業をしたい人にとって（とくに男性にとって）、とても勉強になる点なので、女性起業家の特徴をあげてみたいと思います。

1 行動が早い

男性よりも「思い立ったら即行動」という姿勢が顕著です。

足裏マッサージなどを行う「リフレクソロジーサロン」を開業したある30代の女性は、8年間、勤務者としてスキルを磨いてきました。

まだぼんやりと「いつかは独立して自分の店をもちたい」と考えていた段階でしたが、

ある日、知人から「いい立地のところに好条件の店舗物件がある」と聞いて、2週間もたたないうちに独立開業しました。本人は「ノリと勢いで開業しちゃいました」とあっけらかんと語っています。

もしも男性であれば、準備不足の段階では、それほど思い切った決断はできなかったのではないでしょうか。

2 生きがいややりがいを重視する

多くの女性起業家は、「生きがいややりがいを感じることで起業したい」といいます。儲ける商売をすることよりも、自分がやりたいことかどうかを重視する傾向にあります。

3 人を巻き込むことがうまい

一般的に、女性は男性に比べてコミュニケーション能力が高く、協力者を巻き込むことや、お客さんを確保することが上手な人が多いようです。異業種交流会などでも、人見知りせず積極的に話しかけていく光景がよくみられます。

4　人に喜ばれることでモチベーションがアップする

女性起業家には、お客さんに喜んでもらえることでモチベーションが高まる人が多いものです。喜んでもらえる仕事ができさえすれば、収入はやっていけるだけでいいと考えています。

5　お金はあまりかけない

起業するときに、多くのお金はかけません。必要最小限の投資でスタートしようとします。また、事業を始めたあとも、できるだけコストを小さくして、手堅く営業しています。

もちろん、人によって違いはありますから、すべての女性起業家に当てはまるわけではありませんが、全体的な傾向として、このような特徴があります。男性起業家と比べると、起業に幸せを感じている人が多いように思うのです。

とくに、行動の早さやコミュニケーション能力の高さなどは、男性起業家も大いに見習うべきだと思います。

もっとも、準備不足で行動してしまい、あとで困ることになったり、お金をかけないので先細りになってしまったりするなどの問題が発生することもあります。女性で起業を考えている方は、こうした特徴の長所と短所をよく理解したうえで、起業準備をするといいでしょう。

第3章

先に独立する日を決めてしまおう

自分の尻に火をつけなければ、起業は永遠に実現しない

最近は「いつか起業したい」と考えている人が増えているように感じますが、実際に起業に踏み切る人はごくわずかです。毎月給料が入るサラリーマンを辞めて、自分で稼がなければならない立場になることに不安が大きいからでしょう。

なんとなく「いつか起業したい」と思うだけでは、ハッキリいって起業は永遠に実現しません。ずっと「給料をもらう立場の人」のままで時が過ぎ去ってしまい、気づいたときには起業への気力がなくなってしまったということになりかねません。70歳以上の高齢者に聞くと、人生でやったことに対する後悔とやらなかったことに関する後悔を比較すれば、圧倒的に後者のほうが大きいといいます。

しかし、おそらく本書を読んでいるあなたは、「なんとか起業を実現したい」と思っている方だと思います。起業が人生の大きな夢の1つであると思うなら、その夢を夢で終わらせて、歳をとってから後悔することだけは避けるべきです。

起業のように、大きくてハードルが高い夢を実現させるのにもっともいい方法は、「自分で自分の尻に火をつける」ことです。ここでは、自分の尻に火をつけて、「なにがなんでも起業を実現させたい」と強い意欲を湧き上がらせるためのヒントをお伝えします。

自分の尻に火をつけるには、次の3つの考え方があります。

1 収入の面を考える

企業に勤めるサラリーマンの給料の平均額は、ここ10年以上下がり続けています。たとえ今後上昇することがあっても、一般的なサラリーマンの給料はさほど大きい金額を期待することはできないでしょう。しかし、起業して事業が拡大すれば、起業家自身が大きな収入を得られる可能性があります。

2 自分の人生を考える

人生には限りがあることを再認識する必要があります。起業の夢を実現せずに高齢になったときを想像し、後悔することがないかを想像してみてください。もし「とても後悔する気がする」と思うなら、早く実現させたいという気持ちが湧いてくるはずです。

起業すれば、サラリーマンのように組織の一員として仕事をするよりも、大きな達成感や自己成長を感じることができます。また、自分のことだけではなく、地域や社会への貢献も果たせる可能性が大きくなります。

3　年齢を考える

「起業するのに遅すぎることはない」という言い方はありますが、やはり可能な限り、若いうちに起業したほうが、その後の事業経営を長く続けることができます。あなたの今の年齢を考えて、「何歳で起業したいか」と自問自答してみてください。すでにその年齢に近づいているなら、早く起業のための具体的な準備にとりかかるべきです。

以上のように考えて、それぞれの点について自分の思いをノートに書いてみてください。すると、「このままズル

▶3つの点から自分にプレッシャーをかける

ズルと今の生活を続けていたら、後悔してしまう」と思うようになり、ある日突然「一刻も早く起業しなくては」という衝動的な思いが湧き上がることがあります。これは、実際に私が多くの起業家から聞いた、起業を決意した瞬間の思いなのです。

「201○年□月△日に独立する！」と書いてみよう

さあ、自分の尻に火がついて、「早く起業したい」という思いが強くなったら、より実現に近づくために、**独立の日を具体的に定める**ことが大切です。そうしなければ、時間が経過して、結局、タイミングを逸することになりかねないからです。

それでは、具体的な独立の日はいつにすべきでしょうか。独立の日は、次の3つの観点を考慮して決めるといいでしょう。

1 家族の事情

家族のタイミングはもっとも重要です。起業することで転居を伴うなどの事情があれば、子供の学校の問題などが関わってきます。また、できれば大学進学など、学費がかさむタイミングは避けたほうが無難といえます。

2 起業準備に要する期間を考慮

当然、起業準備にかかる期間も考慮しなくてはなりません。本書で説明する重要な準備は十分にやっておく必要があります。ただし、準備の期間が長すぎるのは禁物です。起業を現実化させるためには、1年から長くても3年以内にすることが重要です。それ以上長いと、準備した内容が陳腐化して時代に合わなくなり、結局、起業できない可能性が出てきてしまいます。

3 今の仕事のタイミング

勤めている会社はできるだけ円満に退社するほうがいいでしょう。起業後も継続的につながりやすくなるからです。元勤務先は、取引先や情報をもらう先として重要な意味をもつことが多いのです。

そのため、あなたがいるポジションから考えて、ほかの人に迷惑をかけないなど、タイミングのいい時期を選んでください。とくに、管理職など責任ある立場にいるなら、年度末や人事異動の時期などがいいかもしれません。

また、たとえば重要なプロジェクトに携わっている場合は、それが終了する時期にすべきでしょう。プロジェクトをやり遂げることは、事業の経営においても役立ついい経験になるからです。

以上の観点を考慮して最適な独立日を決めてください。

ただし、「すべてなんの問題もない」という時期はなかなか訪れないものです。会社のタイミングに合わせようとすると、家族が困るなど、どこかに不都合が生じることが多いと思います。起業を実現したいなら、多少の不都合があっても、最大公約数的な時期を強引にでも定める決断が必要です。

▶独立する日を書こう！

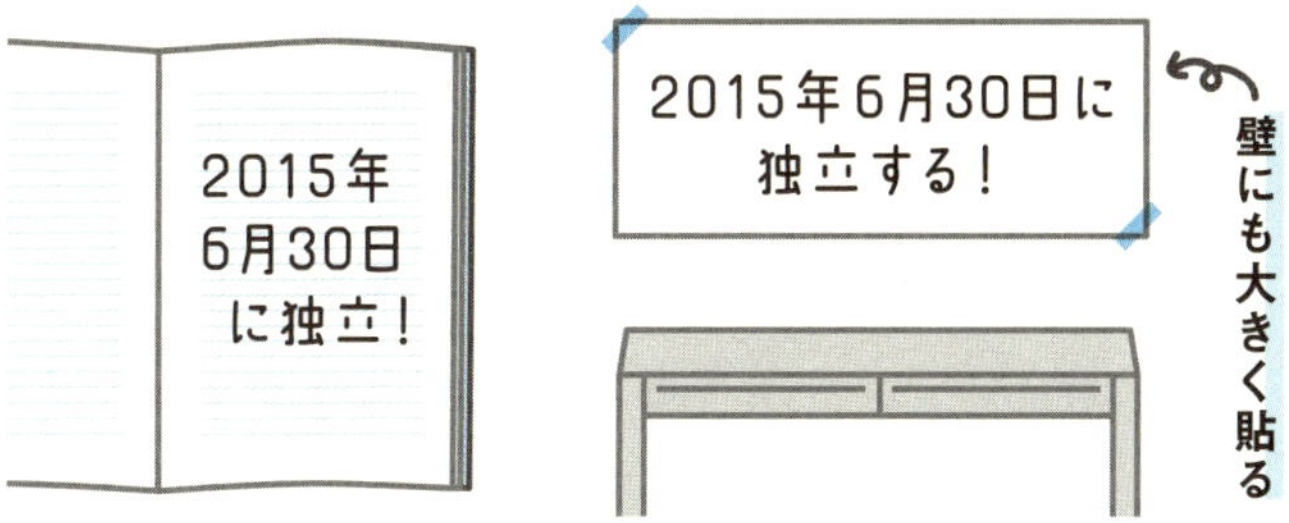
2015年
6月30日
に独立！
2015年6月30日に
独立する！
壁にも大きく貼る

このようにして時期が定まったら、**「起業ノート」に大きく「201○年□月△日に独立する！」と記入してください**。

独立時期を決めたら、ノートや机の前に「起業まであと○○日！」と表示すると、グッと現実味を帯びてきます。時期が明確になると、独立することへの期待感で、準備が楽しく感じられるようになります。また、定めた時期はフィックスされたものとしてとらえて、気持ちがぐらつかないようにすることが肝心です。

ただ、起業準備が順調に進めば、時期を前倒しにしたくなる場合があります。そのときは、再度、先の1〜3の観点を検討し、大きな問題がなければ時期を早めてもいいと思います。実際、私が相談を受けた方の3割ほどは、定めた時期が早まったという結果になっています。

景気が厳しいときこそ起業のチャンス

あなたが誰かに「間もなく起業しようと考えている」というと、「こんなに景気が悪いときに、やめたほうがいい」と反対されるかもしれません。でも実は、景気が厳しいときこそ起業のチャンスなのです。

いわゆるバブル期の頃、起業活動はとても活発でした。当時、私は政府系金融機関の大阪支店に勤務していましたが、独立開業するために融資を申し込みする人がとても多かったのを記憶しています。

しかし、その時期に起業した人は、景況がいいときは売り上げも右肩上がりで儲かるのですが、バブル崩壊後は赤字に転落し、過剰な設備投資による借金に苦しむという姿が目立ちました。好景気のときは、それほど経営努力をしなくても儲けられるので、慢心を呼んでしまうことが1つの大きな要因です。

逆にリーマンショック後など、景気が厳しいときに起業した人たちは、最初は赤字で楽ではありませんが、無理な投資はせず、さまざまな工夫を凝らして厳しい環境に適応していいます。**景気が厳しいときに起業する人は、簡単には成功しないということを認識しているので、用意周到に起業準備を進める傾向にある**からです。

また、不況期は起業する人が少ないので、同じ地域で同じような事業をしようとするライバルが少ないというメリットもあります。

そもそも日本の経済情勢をみると、バブル崩壊以降、「ＩＴバブル」の頃のように一時的に景況が持ち直した時期はありますが、中小企業にとってはほぼ一貫して厳しさが続いているのが実態です。「景気が厳しいから起業はやめたほうがいい」と考えていては、いつまでも起業が実現しないことになってしまいます。

とはいっても、起業を考える際に、景況の動きをしっかりみておくことは欠かせない重要な準備です。全体の景況だけではなく、あなたが考えている業界を取り巻く環境がどのような状況なのか注視して、事業プランに盛り込む必要があるからです。そのときにも「起業ノート」の活用が役立ちます。

それぞれの時代には、**必ず「これから儲かる商売」といわれるものが存在します**。最近では、「太陽光パネル」などエネルギー関連の事業があります。確かに有望なビジネスですが、あらゆる業界から新規参入の動きがあるので、競合激化が予想されます。一時的なブームである可能性もあります。

したがって、競合他社に勝てるような競争力を持ち続けられるように取り組むか、短期的なビジネスとして割り切って行うかなど、自分なりの戦略をノートに書いて分析することが必要です。

逆に、景況が厳しい業種にも、ビジネスチャンスが眠っていることがあります。たとえば、歯科医院は「コンビニよりも多い」といわるほど競合が激しいので、経営状況が厳しいところが多いのが実態です。でも、中には、お客さん（患者）へのホスピタリティを高める工夫をすることで、インプラントなど自由診療を増やして大きな利益を上げている医院があります。これは「歯科医院もサービス業である」と認識して、ほかの歯科医院が気づいていないことを実行したのが勝因です。

このように、**競合他社がやっていないこと、自分ができる付加サービスなどのアイデアをノートに書いていく**と、実際に起業する際に役立つことが多いのです。

起業して事業を軌道に乗せるためには、業界の景況の動きを十分認識した上で、それを考慮した事業プランを練り上げていくことが重要です。

▶時代に合った事業アイデアを探す

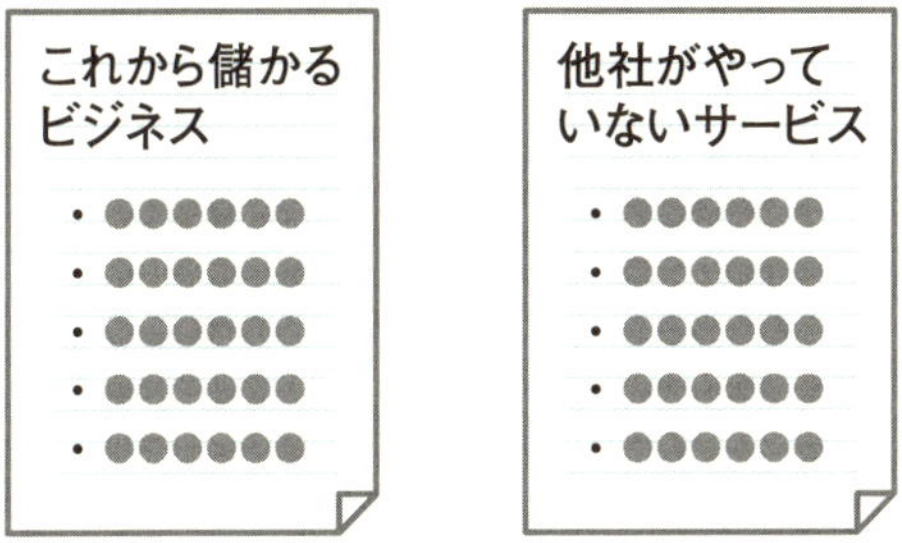

独立する日を他人にも宣言しよう

独立する日を決めたなら、ノートに書いて自分の心の中に秘めておくだけではなく、ぜひ**ほかの人にも宣言してください。**自分で考えているだけでは、ちょっとした障害があるだけで決心が揺らいでしまいます。また、他人に伝えることによって、いい情報や支援が得られることもあります。

もちろん、伝える相手は慎重に選ばなくてはいけません。1年後に起業することを会社の上司に伝えたら、早過ぎてその後の仕事がやりにくくなってしまいます。次のような人たちに、あなたの独立時期を伝えるのがいいでしょう。

【家族】

配偶者や両親など、家族には真っ先に伝えておくことが重要です。しかし、あなたが安定したサラリーマンであれば、説得するのがたいへんかもしれません。とくに収入面について心配されるので、しっかりと準備していることを詳しく説明して、粘り強く理解を求めなければなりません。

【信頼できる友人】

仲のいい友人にも伝えましょう。親しければ親しいほど、あなたの起業を応援して役立つ情報を探してくれるでしょう。ただし、家族と同様、起業することを反対される可能性があることを覚悟しておく必要があります。

【取引見込み先】

販売先や仕入先として見込んでいる企業や人がいれば、独立したら取引先となってほしい旨を伝えておく必要があります。ただし、それが勤めている会社の取引先であれば、競業避止義務などの面で問題がないか、慎重に考えて話をすることが欠かせません。

【ビジネスパートナーになってほしい人】

役員になってほしい人物や、従業員として雇いたい人にも早目に話をして、協力を仰ぐことが必要です。ただし、役員登用や従業員雇用に関することは、人選と協力依頼を慎重に進めることが重要です。

【知恵を借りたい人】

ビジネスを始めるために必要なノウハウを教えてくれるような人のことです。たとえば、同業者で競合相手にならない人や、起業支援をしている機関のアドバイザーなどが考えられます。また、起業のために役立つセミナーに参加して、ほかの参加者へ自己紹介するときに「独立準備中です」というと、いい情報を得られることもあります。

以上のような人たちに、あなたの起業予定時期と準備していることを伝えると、さまざまな意見をいってくれたり、応援するメッセージをくれたりすることでしょう。ときには、「起業なんてやめたほうがいい」と反対する人もいると思いますが、そういう人を説得することも起業実現のために乗り越えるべき1つのハードルです。

また、セミナーの場などに行くときには、勤めている会社の名刺は出しにくいものです。ですから、ぜひ**「独立準備中」と書いた独自の名刺を作成して積極的に名刺交換を**

することをお勧めします。これによって、起業後にもつながりをもてる人脈ができる可能性が高まります。

独立日から逆算して具体的な行動プランを立てていく

独立予定日を決めたなら、次は具体的な準備のための行動スケジュールを立てましょう。まず、起業までに準備すべき項目をあげると、次のようなものがあります。これは、第1章で説明した「書くことチェックリスト」の中でも、とくに重要な項目をピックアップしたものです。

①ビジネスモデルを考える

どんなビジネスで起業するかを検討します。「どんな商品やサービスを、誰（お客様）に、どうやって売るのか」というビジネスの根幹の部分です。

②足りないスキルとノウハウを補う

①のビジネスモデルで起業するとしたときに、どんなスキルやノウハウが必要かを洗い出し、不足するものがあるなら、補う方法を検討して実行するプロセスです。

③人・モノ・金・情報の準備

①②の準備を整えて、始めようとするビジネスの内容が固まってきたら、必要な人材、設備、資金などの準備に入ります。同時に、ビジネスの活性化に役立つ情報は、徹底的に収集して自分のものとしておくことが重要です。

④起業家になるための心の準備

一般的な起業に関する書籍ではあまり述べられていませんが、実はもっとも大切なことの1つが、起業家としてのマインドをもつことです。サラリーマンとは違う考え方や、メンタルの強さが求められます。また、起業家に必要な3つのセルフマネジメント（マインド、タイム、マネー）の能力を高めることも重要です。

▶起業までの流れ

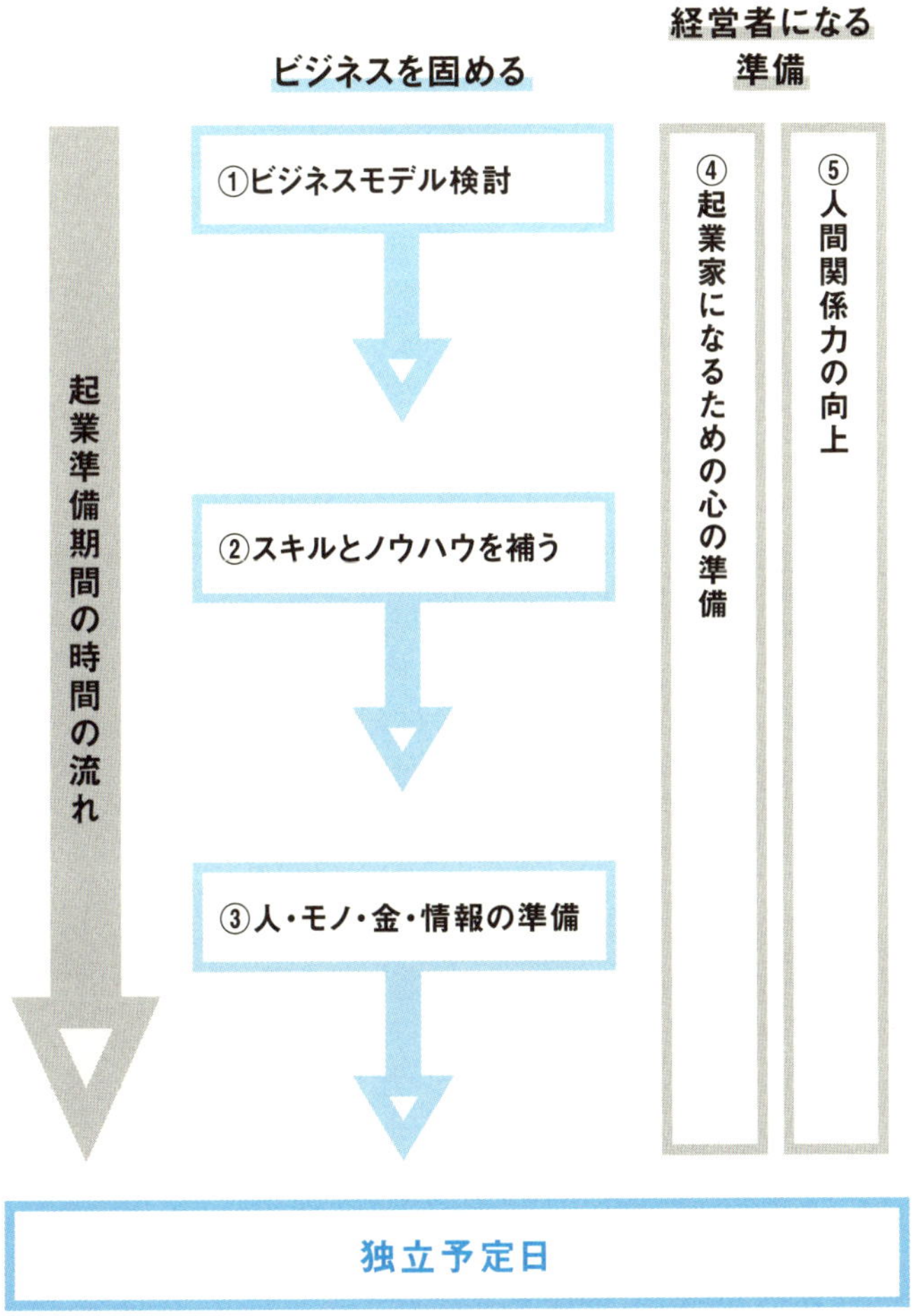
ビジネスを固める
経営者になる準備
①ビジネスモデル検討
②スキルとノウハウを補う
③人・モノ・金・情報の準備
④起業家になるための心の準備
⑤人間関係力の向上
起業準備期間の時間の流れ
独立予定日

⑤人間関係力を高める

どんなビジネスでも、他人との関わりが欠かせません。人脈を構築するための力や、対人交渉力を高めておく必要があります。

5項目の準備の流れを図示すると、前ページのようなイメージになります。「**ビジネスを固める**」と「**経営者になる準備**」の2つの流れの準備が必要なのです。

そして、「ビジネスを固める」準備は、おおむね①ビジネスモデル検討→②足りないスキルとノウハウを補う→③人・モノ・金・情報の準備という時間の流れで進めていきます。

一方、「経営者になる準備」は、準備期間中の全体を通して行うことで、徐々にその成果をあげていくことが期待できます。

ただし、いずれの準備も完璧を求めすぎるのではなく、経済情勢や環境変化をみながら、柔軟に変えていく姿勢が必要です。したがって、「ビジネスを固める」準備の流れも、独立予定日直前になってから、再度「①ビジネスモデル検討」に立ち戻って修正することもありえます。

この5項目について、それぞれノートに書き出していってください。あとで何度も読み返すことがあるので、付箋やインデックスシールを貼っておくと便利です。

この流れを認識した上で、「ビジネスを固める」プロセスについては、独立予定日までの期間を区切っておおまかに実行スケジュールを決めておきます。そのスケジュールを意識して、必ず独立予定日までに完成度を高められるように準備を進めていくのです。

なお、準備項目の具体的な内容については、第4章以降で詳しくご説明します。

3つのセルフマネジメント能力を高める

起業を決めたなら、身につけていただきたい能力として、重要な3つのセルフマネジメントがあります。それは、**「マインド」「タイム」「マネー」に関して、自分自身をマネジメントする**能力のことです。

「マインドマネジメント」とは、起業家として苦難に直面したときにでも耐えられるようなメンタルタフネスや、常に前向きに考えて改善方策を探っていこうとする高いモチベーションを保つことなど、心の管理に関するものです。

起業家になると、サラリーマンと比べて、多くの苦難に直面する可能性があります。現在、成功している起業家でも、過去に「従業員に1000万円持ち逃げされた」「投資に失敗した」「赤字が続いて倒産しそうになった」など、窮地に陥った経験を持つ人がほとんどです。**どんな窮地でも乗り切って、回復するための心の強さが求められます**。この、マインドマネジメント能力の高め方については、第5章で詳しくご説明します。

次に「タイムマネジメント」も重要です。

会社から独立すると、縛られることなく自分がやりたいことを自由にできるメリットがあります。半面、それまでほかの人がやってくれていた雑用なども含めて、多くの仕事を自分でやらなければなりません。仕事を受注する営業活動、受注した仕事をこなす活動、経理事務など、いくら時間があっても足りないくらいの感覚になります。ですから、**多くの仕事を効率的にこなすために、時間の使い方に工夫を凝らすことが求められます**。

また、起業するまでは、会社の仕事をしながら起業準備のための時間を確保する必要があります。会社の仕事以外の時間をうまく見つけて、準備することが必要です。

ちなみに私の場合は、出勤前にカフェに立ち寄って、「起業ノート」を使って準備していました。周りには資格試験の勉強をしている人が多くいて、やっている内容は違いますが、なんとなくやる気が湧いてきたのを覚えています。人脈づくりなど、出かけて人に会う必要がある準備については、休日を活用して取り組みました。このように、起業準備期間に工夫して時間を使うことができるようになれば、起業後のタイムマネジメントにも大いに役立ちます。

もう1つのセルフマネジメントは「マネー」、つまりお金に関するものです。サラリーマンの場合は、毎月の限られた給料の中で、いかに節約して暮らそうかと考えていると思いますが、経営者になると、お金を節約しているだけでは稼げなくなります。収益を上げるためには、広告宣伝費など、常にある程度お金を投資していかなければなりません。起業家にとってのマネーマネジメントでは、**「リターン」を考えながら、いかにリスクをとって投資し、ビジネスを回していくかということが重要です**。この「マネーマネジメント」については、第8章でもご説明していますのでお読みください。

独立して起業家として羽ばたくためにも、「起業ノート」を使って、3つのセルフマネジメント能力を高められるように努めてください。

第4章

アイデアを300個以上書き出そう

一生懸命働く人よりもアイデアを考える人のほうがうまくいく

成功している起業家は、「朝早くから夜遅くまで、寝る時間を削って働いている」というイメージがあると思いますが、実はむしろ短時間しか働かない人が多いのです。

私がお会いしたある経営者は、多くの会社の経営に携わり、とても儲けていましたが、1日7時間は睡眠時間を確保しながらも、しばしば趣味の美術館めぐりを楽しんでいました。ただし、彼がとても重要だと考えている時間があります。それは、ビジネスプランや集客活動のアイデアを考えるための時間です。彼は、忙しい中でも時間を割いて、ビジネス上の1つの課題に関して、ノートにたくさんのアイデアを書き出すということをやっていました。

事業を継続するためには、販売、仕入、経理処理など、日々繰り返して行う活動をていねいにこなすことが必要ですが、それ以上に重要なのが、**事業を改善していくためのアイデアをひねり出す**ことです。

わかりやすいのが、経営用語でよく使われる「PDCAサイクル」という考え方です。つまり、「Plan：計画」→「Do：実行」→「Check：評価」→「Action：改善」というサイクルを回すことによって、事業を継続的に改善するというフレームワークです。「PDCAサイクル」をうまく回して事業を長期的に繁栄させるためには、常に新たなアイデアを発想する時間が必要です。

ところが、起業したら、日々の活動に忙殺されて、目先のことしか見えず、気がついたときには、経営が深刻な状態に陥ってしまったという人が少なくありません。そのような事態を避けるためにも、起業する前からアイデアをひねり出す習慣を身につけておきましょう。

起業準備の段階では、主に次の「**ビジネスモデル**」と「**マーケティング**」についてアイデアのひねり出しが必要です。

【ビジネスモデル】

ビジネスモデルを考えることは、起業準備においてもっとも重要な課題の1つです。

どのようなビジネスモデルを基盤として起業するのか、徹底的にプランを練り上げる必要があります。どんな人をお客様として、どのような商品やサービスをどのように提供するのか、ということを突き詰めて考えてください。

【マーケティング】

ビジネスモデルを考えたら、次は売るための方策が重要です。マーケティングとは、4つの要素（製品、価格、流通、プロモーション）の組み合わせで最大の効果を目指すという考え方です。

とくに小さな規模の企業においては、「プロモーション」、つまり広告宣伝や営業活動に関して、小額投資で最大限の効果が上がるように工夫することが必要です。

また、いくらいいアイデアを豊富に思いついても、行動に移せなければ意味がありません。考えたビジネスモデルやマーケティングについて、具体的にどのようなことをすれば、うまくいくのか、アクションプランを考えることも重要です。限られた時間の中で、効率的に成果をあげられるようなアクションプランを策定し、起業準備段階からできることは取り組んでおく必要があります。

まずは300個以上のビジネスアイデアを絞り出せ

起業を志しても、「どんなビジネスをやったらいいのかわからない」という人が少なくありません。また、飲食店の開業を目指して修行を積んできた人のように、ある程度、業種を決めていたとしても、具体的にどのような店にするのかまでは考えが及んでいないものです。

そこで、お勧めしたいのが、まず**ビジネスのアイデアをできるだけ多く考える**ことです。数としては**300個以上を目標**にして、ノートに書き出してみてください。あなたは「そんなにたくさん?」と驚くかもしれませんが、すばらしいビジネスを生み出すためには、数多くのアイデアを出すことが有効です。

多くのアイデアをひねり出すためには、「自分ができるかどうか」「うまくいくかどうか」といったことには関係なく一切の先入観を捨てて、幅広く書き出してみてください。

ちなみに、私が起業を志した頃に考えたアイデアの一部をご覧ください。

私の考えた起業アイデア

- 高齢者専用スポーツジム
- 投資家と起業家のマッチングサイト
- 室内ジョギング場
- サプリメントバー
- ペット用高級ホテル
- 非会員制スポーツジム
- カーレーサー養成学校
- 美容院の予約受付代行業
- デジタル絵本販売
- いいビジネス書を案内するコンシェルジュ
- 世界中の知育玩具を集めた店
- 全国の地場産業製品販売サイト
- 低カロリー食材専門スーパー
- 日本の伝統工芸品を海外に販売するサイト
- 銀行員向け接遇研修
- 経営者の会員制コミュニティ運営
- ビジネスマッチングサイト
- ビジネスマンの情報交換サイト

とにかく、何でもいいので、思いついたものをどんどん「起業ノート」に書いていきましょう。そのとき、実現可能性などは考えないほうがいいのです。

このように、思いつくままに書き出していくと、自分でも驚くほどの数が出てきます。あとで見返すと、くだらないと思うものやすでに世の中に存在しているものなどがあり、実現できそうなものはあまり見当たらないものです。

でも、ここで出たアイデアは、起業時に事業化できなくても、将来は実現できる可能性もありますから無駄にはなりません。

この作業をしただけでは、実際に起業するときのビジネスモデルを構築することはできませんが、まずは幅広くビジネスの可能性を探ることに意義があります。また、このようにあまり深く考えずにアイデアを出すことは、一見すると無駄な作業のように思えますが、実は経営者となるためにとても重要なことなのです。

起業後も、なにかにつけて新しいアイデアを発想しなければならない場面が出てきます。問題に直面すれば、それを解決する方策を考え出さなくてはいけません。300個以上を目指してアイデアを考える作業を行うのは、ビジネスモデルを組み立てるためだけではなく、**自分の発想力を鍛えるため**でもあるのです。

一瞬のひらめきがビジネスチャンスを引き寄せる

それでは、たくさんのアイデアはどのようにすれば浮かぶのでしょうか。

優れた起業家は、アイデアをひねり出すために自分なりの方法を実践しています。ある経営者は、年間の事業計画を考えるために、ハワイのリゾートホテルに1週間ほど泊まっていました。斬新なアイデアは、非日常的な場所のほうが浮かぶという経験があったからです。

起業準備段階では、会社勤めがあるので、この経営者のマネはできないと思いますが、近くの公園や早朝のカフェなど、自分にとってリラックスできる場所があれば、ちょっとした非日常的空間になるかもしれません。

そうした場所で、いいアイデアをひねり出すための方法は、「オズボーンのチェックリスト」「マインドマップ」など、発想法の書籍に書いてあるやり方をいろいろ試してみて、自分に合うものを選べばいいでしょう。

ちなみに、私が自分でよく実行していたのは、「**一人ブレスト**」という単純な方法です。文字通り、自分一人だけでブレインストーミングをするという意味で、**ビジネスモデルに関して思いついたことを次々とノートに書いていく**のです。これは、「ＫＪ法」や「マインドマップ」などに似ていますが、整然と書くのではなく、思いつくままに落書きのように書きなぐっていきます。

私は経営コンサルタントでの起業を考えていましたから、たとえば「コンサルティングメニュー」をテーマにすると、「資金調達サポート」「資金繰りコンサルティング」「マーケティング」……など、実行可能性などは度外視して、考えられるものはすべて書いていきます。すると、思いもつかないようなアイデアも飛び出してきます。自分が思っている以上に、脳の中にはアイデアが詰まっていることに驚かされるものです。

一通り書き尽くして「もうこれ以上考えつかない」と思ったら、書いたものを見返してください。脈絡なく書きなぐったものを眺めると、「できること、できないこと」「やりたいこと、やりたくないこと」など、頭の中が整理されていきます。この作業をさまざまなテーマごとに繰り返していくと、目指すべきビジネスモデルがぼんやりと浮かび上がってくるのです。

また、中国の故事に「文章をつくるのに最適な場所は、馬上、枕上、厠上《いじょう》である」というものがありますが、まさしくアイデアを発想するのに適した場所と同じだといえます。仕事中など緊張しているときよりも、解放されて自由な環境にあるときのほうが、圧倒的に発想力が豊かになります。

ところが、こうした一瞬のひらめきは、得てして時間が経過すると忘れてしまうものです。せっかくのいいアイデアも、忘れてしまっては元も子もありません。そこで、どんなときでも、ひらめきを記録しておくことをお勧めします。そのためには、**常にメモやノートを携帯**して、思いついた都度、書き留めておくことを心がけてください。

また、最近ではスマホのメモ機能やボイス録音機能などを活用できますので、ウォーキングやジョギングの最中にひらめいたときなどに、声を記録することもできます。実

▶デジタル機器も便利

外出先で便利なのがICレコーダーやスマホ。録音したら、あとでノートに書き写しておきます。

は、有酸素運動で体を動かしているときこそ、脳も活発化してひらめきも多くなるといわれています。

起業前でも起業後でも、このようなちょっとしたひらめきを忘れないことが、大きなビジネスチャンスを引き寄せるためにとても重要です。

独創性のあるビジネスは多くの人マネから生まれる

ビジネスで成功するためには、いかにしてオリジナリティを生み出せるかが重要なカギになります。多くの競合相手に勝つ必要があるからです。

しかし、まったくのゼロから考えて、これまでにないような斬新なビジネスのアイデアを思いつくのは至難の業です。世界中のどこにもなかった新技術を駆使した製品を創造して、世界を変えるようなビジネスを始める起業家が出てくるのが望まれますが、そこまでの際立ったオリジナリティがなくても、日本人が得意とする工夫をすることで、オリジナルのビジネスを生み出すことは可能なのです。

私が最近会っている若手起業家たちのビジネスモデルは、オリジナリティが光っている斬新なものが多いので、「最近の若い人はアイデアマンだなあ」と感心します。ところが、それを発想したプロセスを聞いてみると、「多くのほかのビジネスモデルをパクって思いつきました」という返事が返ってくることが少なくありません。つまり、ゼロから発想してできたのではなく、**既存の多くの起業家のビジネスモデルを少しずつ取り入れて、結果的にオリジナリティあふれるものを生み出している**のです。

ただし、ある特定のビジネスをあからさまにマネしてしまうと、知的所有権の侵害になりかねないので、十分に留意しなくてはなりません。数でいうと、少なくとも100以上のほかのビジネスモデルを調査研究してノートに書き出しましょう。それぞれの特徴を一部ずつ取り入れ、さらに自分だけの独自の工夫を凝らすことで、初めてオリジナルのビジネスが生まれます。

ほかのビジネスのいいところを寄せ集めた上で、オリジナリティが際立つビジネスモデルを生み出すためには、次のような観点で独自の工夫を凝らすことが有効です。これらの視点から「起業ノート」にアイデアを書いていきましょう。

▶ アイデアのつくり方

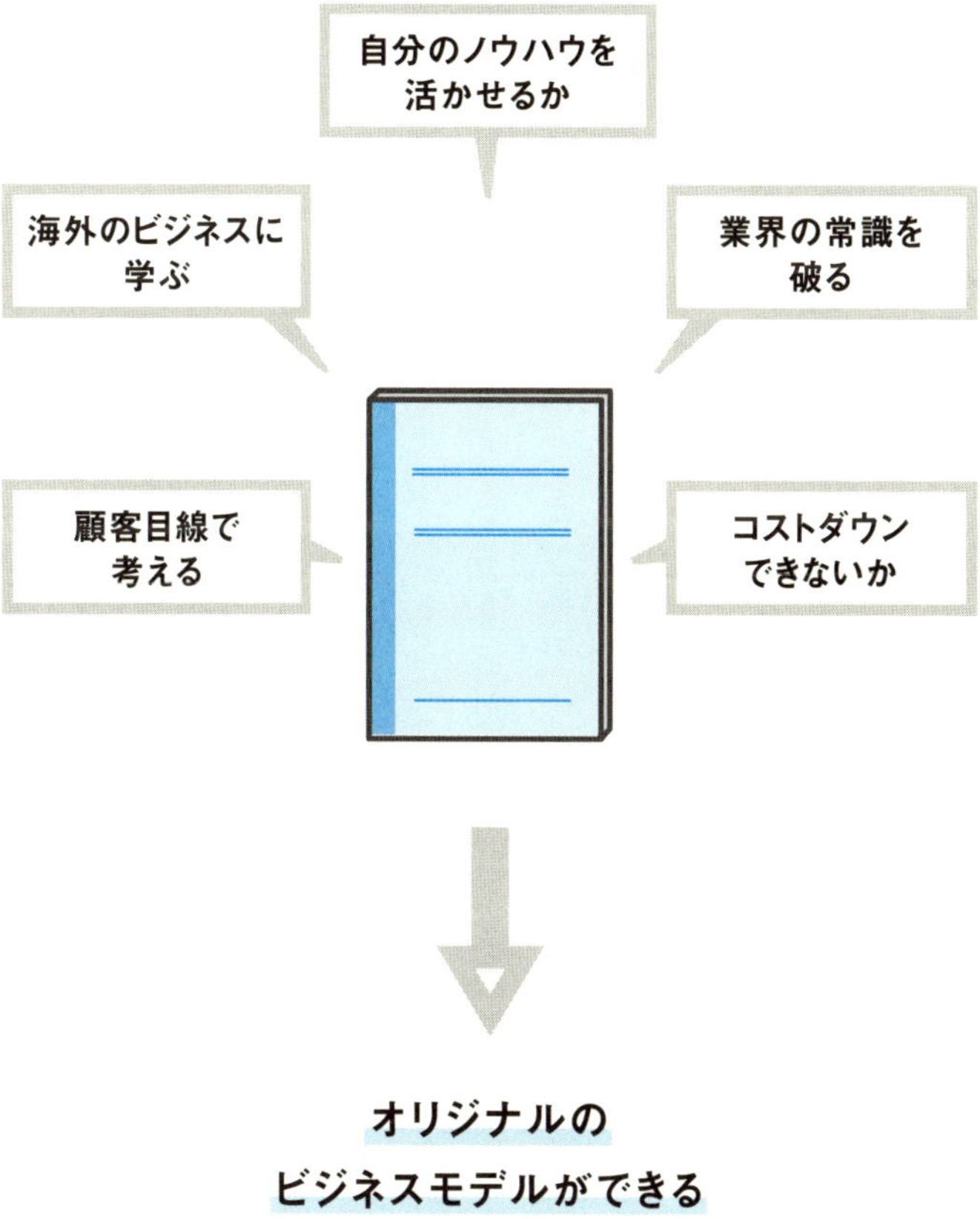
自分のノウハウを
活かせるか
海外のビジネスに
学ぶ
業界の常識を
破る
顧客目線で
考える
コストダウン
できないか
オリジナルの
ビジネスモデルができる

1 業界の常識を疑い異業種に学ぶ

それぞれの業界には、「業界の常識」といえる慣習が存在することがあります。それをあえて覆すビジネスモデルをつくることで、競合と差別化を図ることができます。たとえば、「ホームページ制作」については、顧客との交渉によって価格を決めるというのが当然と思われていた中で、固定価格を打ち出して成長している企業があります。

2 海外のビジネスから学ぶ

海外で成長しているビジネスで、まだ日本では普及していないものを発見すると、先駆者的にスタートできるかもしれません。市場環境が異なるので、そのままマネをしても日本でうまくいくとは限りませんが、参考にできるものは多くあります。

3 顧客目線で不便や不満がないかチェックする

既存企業の商品やサービスで、顧客が不便を感じたり不満に思ったりしているものはないか、チェックして改善点を探ります。

4 コストダウンを実現できないか検討する

既存のビジネスモデルで、コスト削減を図るアイデアがないか検討します。とくに、人件費など、売り上げに対して大きな比率を占めるコストを下げられると、収益性の高いビジネスが生まれます。

5 自分だけが提供できることはないか検討する

あなたがこれまで培ったスキルやノウハウを生かすことで、既存のビジネスを大きく改善して魅力あるビジネスモデルをつくりあげることができるでしょう。

成功する起業家は人の弱みにつけ込める人

どんなビジネスで起業するか検討するときに、「自分がやりたいこと」や「自分ができること」という視点で考えることは重要です。しかし、その2つだけでは軌道に乗るビジネスにはなりません。もっとも重要なことは「お客様」、つまり「マーケットが必要としているビジネスなのか」という視点であり、これが事業の成否を分けるカギとなります。

とくに成功している起業家にみられる特徴は、**「人の弱みにつけ込む」ビジネスを展開している**ということです。「人の弱みにつけ込む」といっても、非合法とか非道徳的なビジネスというわけではありません。それぞれの人が抱えている問題を解決するためのビジネスという意味です。

あえて「人の弱みにつけ込む」という表現を使ったのは、彼らのビジネスは、人の問題を解決するといっても、ボランティアではなく、しっかり収益を得られるモデルとして構築されているからです。なお、ここでいう「人」とは、必ずしも個人だけとは限らず、企業などの組織や社会全体も含まれます。

「人が抱えている問題」とは、次のようなものが考えられます。

①不満・不便に思っていること
②不安を感じていること
③悩んでいること

▶ お客様の問題解決につながるビジネスの探し方

ステップ 1 お客様となる人の数はどれくらいいるのか

その問題を抱えている人の数を推計して、ターゲットとする顧客の規模を考えます。

▽

ステップ 2 あなたがどんな商品やサービスを提供できるのか

あなたがお客様の問題を解決するために、どのような商品やサービスを提供できるのかを検討します。

▽

ステップ 3 お客様があなたから買う理由はあるか

想定される競合相手と比べて、お客様があなたから買う理由があるのか、ということを考えます。

▽

ステップ 4 お客様の財布にはお金があるのか

対象となるお客様は、商品やサービスの対価として支払えるお金をどれくらい持っているのか、ということを考えます。

▽

ステップ 5 お客様は値段がいくらなら買ってくれるのか

お客様は、もっているお金の多寡、競合相手との関係などから、値段がいくらなら買ってくれるのか、について検討してみます。

④難しくて理解できないこと
⑤地域や社会で問題視されていること
⑥ハンディキャップを抱えていること
⑦非効率なこと
⑧無駄だと思っていること

このような問題を解決するビジネスは、近所のお年寄りのお世話をするといった小さなものから、新しい技術で世界を変えるような大きなものまで、さまざまな種類が考えられます。

ただし、規模の大小にかかわらず、事業として継続するためには、ボランティア的に行うだけではダメで、お客様から十分な対価を得ることが必須条件です。したがって、人が抱えている問題を発見したら、前ページの図のようなステップで、あなたのビジネスになり得るかを検討する必要があります。

ステップ1～5の観点で検討し、「起業ノート」にその分析結果を書いていきましょう。そして、果たしてあなたが継続することができるビジネスなのかを総合的に判断します。

「人が抱えている問題を解決する」という視点は、継続するビジネスを構築するためにとても有効です。常に「なにか人（または組織や社会）が困っていることはないだろうか」とアンテナを高くして探していると、ふとしたことがきっかけでビジネスの芽を発見する可能性があるのです。

国内だけではない！　海外にもビジネスのチャンスがある

起業を考えている人の大半は国内での起業を想定していますが、ビジネスチャンスは海外にもあることを忘れないでください。ビジネスのグローバル化は今に始まったことではありませんが、成長性のあるビジネスを考えるなら、海外に目を向けることがますます重要になってきています。

実際、私が相談を受ける起業家の中にも、海外ビジネスを検討している人が増えています。とくにサラリーマン時代に海外勤務や輸出入などを経験した人は、積極的に検討していただきたいと思います。

一口に海外ビジネスといっても、多様な形態があります。かつては、人件費が安い国に「**生産拠点**」を設けるために進出する中小企業が多かったのですが、今は外国を「**マーケット**」としてとらえるビジネスが増えています。

わかりやすい事例をあげると、「日本の伝統工芸品をヨーロッパの国に販売する」「日本のアニメグッズを輸出する」「東南アジアの国に居酒屋を出す」といったものです。また、最近は、インターネットを活用して海外市場へ切り込んでいく事例もみられます。

海外を「マーケット」としてとらえても、取り扱う商品によっては、すぐに顧客を獲得するのが難しいことがあります。その場合は、まず海外の企業とうまく提携することで、マーケットへの参入を図る方法が有効です。あるハイテク技術を駆使したビジネスを始めた人は、自社の製品を海外で開催された展示会に出展しました。それが功を奏し

▶起業するのは日本だけじゃない

アイデアを出す中で、海外ビジネスについても考えてみましょう。

て、今はヨーロッパの企業や大学と共同で研究開発を進めています。順調にいけば、ヨーロッパをはじめ世界各国の大企業へ広く販売することが期待できます。

また、海外の国を「**投資先**」ととらえてビジネスを展開している人もいます。海外で賃貸マンションやテナントビルなど「収益物件」といわれる不動産を購入して、家賃収入を得たり転売したりして利益を得るビジネスモデルです。

一方、海外勤務や海外進出の経験を生かして、日本企業が海外へ進出するための支援をすることをビジネスとして始めた起業家もいます。

このように、「海外ビジネス」は幅広い可能性があります。日本では、残念ながら少子高齢化により人口が減少することが予想されるので、マーケットとしても縮小してしまうことが避けられないと思います。**人口が増えている海外諸国のマーケットは、大きなビジネスチャンスを秘めている**といえるのです。

ただし、海外ビジネスを始めようとすれば、日本で起業する以上に、乗り越えるべきハードルは高いものがあります。その国独自の法的な規制や、参入障壁、コミュニケーションの問題などです。

でも、ビジネスで成功する人の特徴の1つは、「人がやれないことをやる」という点です。まったく海外勤務の経験がなくても、こうしたハードルを乗り越えて、海外ビジネスを始めて軌道に乗せている起業家も存在します。起業するなら、ぜひ、日本国内だけではなく海外市場も視野に入れて、ビジネスモデルを検討してみてください。

アイデアから起業するためのビジネスモデルを構築する

アイデアをひねり出す作業を行って、多くのビジネスアイデアが出てきたら、実際に起業するためのビジネスモデルを構築していきましょう。そのためには、次のステップを踏んでいくといいでしょう。

ステップ1　「CAN」「MUST」「WANT」で分類する

ビジネスのアイデアが「CAN」「MUST」「WANT」のいずれであるかを判断することです。「CAN」とは、自分が培った経験や身につけているスキルで、「自分だからこそできること」と自信をもてることです。

「CAN」を考えるときには、まず「自分の棚卸」を徹底的に行う必要があります。これまでの仕事の経験や仕事以外で身につけているスキル、人脈などを洗い出して、自分ならではの強み(USP:Unique Selling Proposition)を探ることで「CAN」の内容が明確になります。なお、「自分の棚卸」は、自分だけで考えるよりもほかの人に経歴などを話してみるほうが、USPを発見できる確率が高くなります。自分の強みは自分でわからないことが多いからです。

「MUST」とは、自分を取り巻く環境などから、好むと好まざるにかかわらず「やらなければならない」と考えていることです。身内の事情や地域のしがらみなどから、「やらざるをえない」という背景があって出てきたものなどが該当します。

「WANT」とは、自分の経験やスキルとは関係なく「やってみたい」と思っていることです。

ビジネスのアイデアを、この3つに分けることで、客観的な分析ができます。最終的に分類されたアイデアの中で、「CAN」「MUST」「WANT」のいずれにも該当するものがあれば、それが理想的なビジネスといえます。しかし、諸事情から「MUST」のビジネスをせざるをえないことがあります。また、経験やスキルがなくても、「WANT」

のビジネスにチャレンジするという考えもアリだと思います。

ステップ2 実現・継続可能性を分析する

ビジネスのアイデアを冷静に「実現できるのか」「事業として継続できるのか」という観点で分析することです。①「必要な経営資源が調達できるか」、②「乗り越えるべき制約条件」、③「市場規模・競合状況・収益性・成長性」の3つのポイントからチェックしてください。

とくに、③「市場規模・競合状況・収益性・成長性」は、軌道に乗せられるかどうかを判断する際の重要なポイントですが、斬新なアイデアであればあるほど判断が難しいものです。できるだけ客観的に正しい判断をするためには、情報収集をしっかり行うことが重要です。

なお、市場規模に関しては、大きければいいというわけではありません。小資本で起業する場合に軌道に乗る確率が高いのは、競合が少ないニッチ（隙間）な市場で高い占有率を確保できるビジネスだと認識しておいてください。

▶アイデアをビジネスモデルにする3つのステップ

ステップ 1 「CAN」「MUST」「WANT」で分類

それぞれのアイデアを「自分でできること」「やらなければいけないこと」「やってみたいこと」に分けて、客観的に分析する。

↓

ステップ 2 実現・継続可能性を分析

「実現できるのか」「事業として継続できるのか」の観点でアイデアを分析。
その際、①「必要な経営資源が調達できるか」、②「乗り越えるべき制約条件」、③「市場規模・競合状況・収益性・成長性」のポイントでチェックする。

↓

ステップ 3 ターゲットを絞り込む

1つのアイデアに絞り込んで、それを深めていく。もしくは、複数のアイデアを組み合わせて新しいビジネスモデルをつくる。
その際、「誰に何をどうやって売るのか」を明確にしなければいけない。

↓

このプロセスを経て、
アイデアがビジネスモデルになる!

ステップ3　ターゲットを絞り込み「誰に何をどうやって売るのか」を明確に

「ステップ1」と「ステップ2」の作業を行えば、しだいに自分が取り組むべきビジネスが絞られてきます。ここからは、1つのアイデアをより深く掘り下げたり、複数のアイデアをパズルのように組み合わせたりして、起業するためのビジネスモデルを構築していきます。

ビジネスモデルを検討するときに陥りやすい誤りは、複雑な内容にしようと考え過ぎることです。むしろ、できるだけわかりやすいシンプルな内容にすることが重要です。お客様となりうる人からみて、「これは自分のために役立つものだ」と容易に認識してもらえることが必要だからです。

シンプルなビジネスモデルとは、「誰に何をどうやって売るのか」ということが明確なものです。「誰」とは、あなたのお客様となる人のことで、「何」とは、あなたがお客様に提供できる商品やサービスで、「どうやって」とは、店舗販売やネット販売など、売る方法を指しています。

この「誰」「何」「どうやって」のキーワードをできるだけ明確にしたビジネスモデルを構築することを心がけてください。

ビジネスモデルを構築することは、起業準備においてもっとも重要なことです。これら3つのステップに沿って「起業ノート」にビジネスモデルを書いていきましょう。何回も多面的に検討して、「これならいける！」と確信できるまで、妥協することなく徹底的に追求することが重要です。

第5章

起業の不安を書き出せば、心の準備ができる

不安の理由がどこにあるのか洗い出してみる

「いつかは起業したい」と考えている人がなかなか実行に移れないのは、起業することに対してさまざまな不安を抱えているからです。

起業を実現するためには、その不安を払拭しなければなりません。そのためには、**具体的な不安の理由を「起業ノート」に書き出す**ことが有効です。頭の中でなんとなく思いを巡らすだけでは、後ろ向きの気持ちが先に立つだけで、不安を解消する方法が出てくるわけではありません。具体的な不安材料をすべて文字にしていくと、不安をひとつひとつつぶしていくためのアイデアが浮かぶようになるのです。

起業を考えている人が抱く主な不安をあげると、次のようなものがあります。

1　お金の不安

・採算がとれずにお金がなくなってしまうのではないか

・借金にまみれて破綻してしまうのではないか
・路頭に迷うのではないか

2 自分の能力に関するもの

・自分は起業家に向いていないのではないか
・なにもかも自分一人でこなす自信がない
・お客さんを集める方法がわからない

3 体力・健康面

・起業家の激務に耐える体力がない
・働き過ぎて健康を害してしまうのではないか
・困難が続いてメンタルヘルスを損なうのではないか

4 対人関係

・人にだまされてしまいそう

・社交的ではないので人脈をつくる自信がない
・人と交渉するのが苦手

5 周囲の反対

・家族を説得するのがたいへんそうだ
・人に反対されると、勇気がなくなってしまう
・人に「起業する」というと、笑われそう

このように、起業することを考えると、さまざまな不安がわいてくるものですが、目を背けずにノートに書いてみることが重要です。

その際、**できるだけ具体的かつ詳細に記入する**ことによって、不安の所在をより明確に特定することができます。

たとえば「人にだまされてしまいそう」という不安なら、「儲け話を持ちかけてくる人にお金をだまし取られる」「経営コンサルタントのアドバイスに乗って失敗する」「商品を買ってくれたお客さんが代金を払わずに連絡がとれなくなる」というように、いくつかの

パターンを想定しておけば、だまされないよう心構えをもつことができるので、不安を減らすことが可能なのです。

あなたは、「不安を細かく書けば、かえって押しつぶされそうになるのではないか」と思うかもしれません。でも実際には、不安を特定する作業を行うことによって、徐々に「感じている不安は乗り越えられるかもしれない」と思えるようになるものです。また、不安材料を書いていて気が滅入るようでしたら、第2章で取り上げている「起業するメリット」を見返すと、「不安を解消しよう」という気持ちが強くなってくるでしょう。

もちろん、お金のことなど書き出すだけではとうてい乗り越えられない厄介な不安もあります。そうした不安に対しては、たとえば売り上げを上げるためのマーケティングを学ぶなど、解消するための対策をとっていく必要があります。

▶ノートに不安を書き出してみる

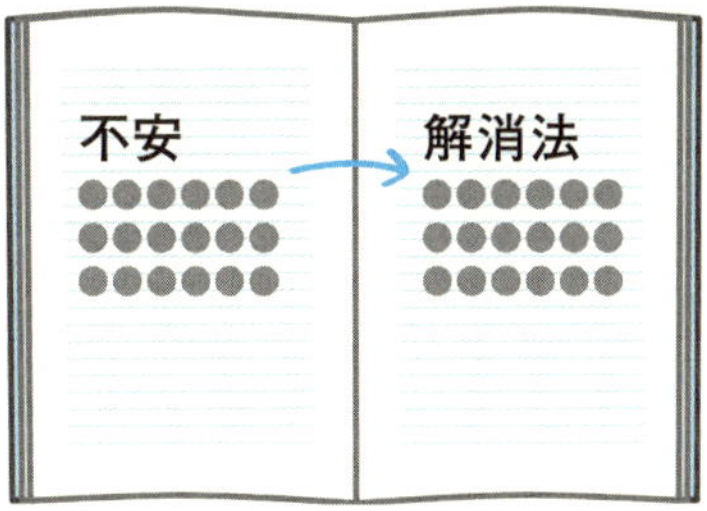

起業の障害になる不安な気持ちを書いてみましょう。それぞれの不安にどうやって対処するのかも考えましょう。

そのように、**起業の不安を解消する対策を考えていく**ことが、起業を実現して成功に導くために重要な準備なのです。

過信は禁物！　自信よりも不安のほうがいい

起業を実現させるためには、前項で述べたように、不安の内容を特定して解消するための準備が必要です。でも、だからといって、不安を100％解消しようと思う必要はありません。なぜなら、私の経験では、**自信満々で起業することは、実はたいへん危険なこと**だといえるからです。むしろ、ある程度の不安を抱えているほうが、起業後に事業を軌道に乗せられる可能性が高いものです。

私がこれまで会った起業家のうち約2割は、起業前にとても自信をもっていて、ほとんど不安を感じていないように見える人たちでした。その自信は、「勤めていた会社で1つの部門を私が成功させた！」「私の技術力はほかのどんな企業よりも優れている！」「このビジネスモデルは必ずうまくいく！」など、これまでの実績や自負が根拠になっていたようです。

ところが、このような自信満々の人たちは、いざ起業してみるとうまくいかず、半年から1年ほどで窮地に陥ってしまうことが少なくありません。中には、最初の1、2年はうまくいくものの、その成功体験からさらに拡大路線に走ってしまい、過大投資で失敗するというケースも目立ちます。

彼らがつまずいた理由を探ってみると、自信があり過ぎて、起業のための準備が手薄だったという面が見えてきました。起業後も、とにかくやる気満々で行動力はあるものの、リスクを考えずに突っ走ってしまうのです。

彼らの自信は過信であり、経営に必要な要素のうち一部に関しては優れていたものの、営業力が欠如していたり資金の管理が甘かったりと、ほかの重要な要素に大きな問題があったということです。自分を過信してしまって、危機意識が欠如していたのです。

逆に、起業前に不安が残っている人のほうが、起業後も不安の要因に対して事前に対策をとろうとするので、危機への対応能力が高いといえます。起業に踏み込むためには、ある程度不安を解消することが欠かせません。しかし、すべての不安をなくす必要はなく、

「どうせ起業してからも不安な気持ちは続くのだ」と考えてください。むしろ起業して事業を継続していくためには、**不安は必要なもの**なのです。

起業後もうまくいったとしても「これはたまたまラッキーだっただけだ。これで天狗になったら失敗するかもしれない」と、常に自分を戒めつつ経営に取り組むことが、事業継続のためには非常に重要なことです。つまり、起業においては「**過信は禁物、不安は必要悪**」ということがいえるのです。

不安に打ち克てるメンタルタフネスを鍛えよう

「不安は必要悪」と述べましたが、起業してあまりにも大きな不安が続くと、心が折れてしまう可能性があります。

起業家がサラリーマンと大きく異なる点は、何をするにしてもすべて「自己責任」であるということです。

赤字が続いても失敗をしても、基本的には誰も助けてくれません。もちろん家族や親友などから、ある程度の支援は受けられると思いますが、最終的には**「自分がなんとかする」という気概がなければ、起業家として生き残ることはできない**のです。

そういう意味では、起業するということは、究極の成果主義・実力主義の世界に飛び込むことにほかなりません。

事業経営は、「山あり谷あり」でいいときもあれば、「どん底」といえるような窮地に陥ることもあるのが現実です。「どん底」に陥ったときには、とてつもない不安に襲われることがあります。そんなときに、不安に押しつぶされて心が折れてしまうようでは、事業を継続することはできません。

そこで、窮地に陥っても折れない心をつくるために、メンタルタフネスを鍛えることをお勧めします。実は、メンタルの強さがあるかどうかで、起業家としての成否が左右されるといっても過言ではないのです。

それでは、事業を継続するために必要なメンタルタフネスは、どのようにすれば鍛えられるのでしょうか。

私は、精神科の医者でも心理学者でもないので、学術的に裏づけがあることを論じることはできませんが、窮地からV字回復した多くの経営者と接した経験から、次の3つの方法が有効だと考えています。

1 自分を客観視する

人は苦しい状況に陥ると、視野が狭くなることが原因で、前向きな気持ちが失われるものです。そんなときは、自分を客観視するように努めることが有効です。

具体的なやり方としては、たとえば失敗して落ち込んだら、自分を見つめるもう一人の自分が横に立っているイメージをもつようにするのです。もう一人の自分は、「この失敗はたいしたことではない。今日はほかにもいいことがあったじゃないか」と、自分を励ましてくれます。そのときも「起業ノート」が役立ちます。失敗したことと、そのほかによかったことを書き出してみると、少し冷静さを取り戻し、自分を客観視しやすくなります。

▶ノートに書いて冷静さを取り戻す

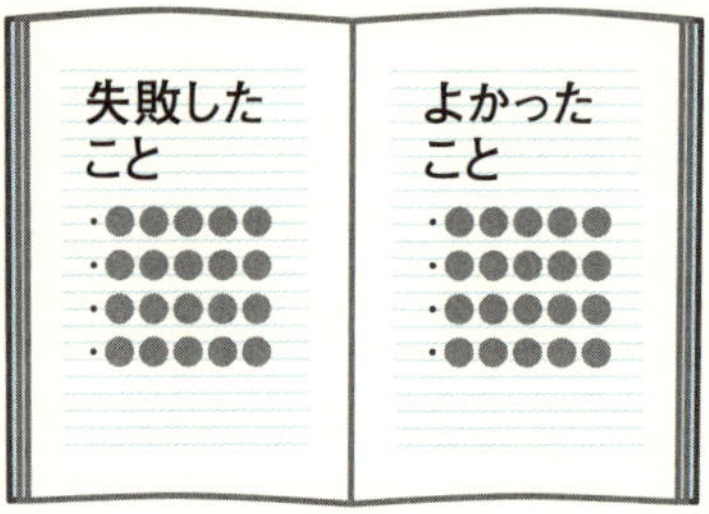

失敗したときは、失敗した内容をノートに書いてみることです。ただし、それだけでは心が沈んでしまうので、ほかによかったことも書いていくと、自然と心は落ち着いていきます。

2 厳しい場面でも「いい経験だ」と気楽に考える

メンタルタフネスは、厳しい場面を乗り越えていくことで鍛えられていきます。つらく厳しい場面に直面したら、「これはメンタルを強くするためにいい経験になる」と言い聞かせて、ある意味、気楽に考えるようにします。そのためには、先ほど説明したように、自分を客観視する方法がとても有効です。

3 腰を据えて打開策を考え抜く

成功している起業家ほど、厳しい場面でも右往左往せず、打開策をじっくり考え抜く習性があります。ある起業家は、赤字が続いて資金が底をついてきたとき、一人でリゾートホテルに1週間泊まって事業計画を考え抜き、ピンチを脱することができました。このように、厳しいときこそ打開策を考えることによって、いいアイデアが浮かぶとともに気持ちを整理することができて、V字回復する原動力になります。

起業前のサラリーマンの間でも、厳しい場面に直面することはありますね。そんなときこそ、これらの方法によってメンタルを強化する訓練をすれば、ピンチを乗り越えられる起業家になれるのです。

誰でも「起業家に向いている人」になれる

起業を目指す人は「自分は起業家に向いているのだろうか？」という疑問を抱くことがよくあります。そこで、私がこれまで出会った起業家の中で、うまくいっていると思う人の特徴を表にまとめてみました。「能力面」「性格面」「考え方・行動」という3つの項目に分けて記載しています。

この表をみると、多くの方が「やっぱり自分は起業家には向いていないかも」と、落胆するかもしれません。でも、これらは必ずしも天性として備わっている必要があるわけではなく、起業を志してからでも、努力をすることで改善できます。

たしかに「能力面」「性格面」については簡単に変えられるものではありませんが、項目によっては、後天的に変えられるものもあります。たとえば「能力面」では、「体力」「交渉力」「行動力」など、鍛えて高めることが可能です。また「性格面」では、「自立心」

▶起業家に向いている人の特徴

能力面

- 頭の回転が速い
- 先見性がある
- 記憶力に優れている
- 発想力が豊か
- 体力がある
- 交渉力がある
- 行動力がある
- 数字に強い
- リーダーシップがある

性格面

- 自立心が強い
- 負けず嫌い
- 楽観的
- ねばり強い
- 好奇心が旺盛
- せっかち
- 人が好き
- 向上心が強い
- チャレンジ精神が旺盛

考え方・行動

- 前向きに考える
- 柔軟、臨機応変に考える
- 大きい夢や目標をもっている
- 世界や社会を変える意識がある
- 儲けることを罪悪と思わない
- 人生を楽しむ姿勢がある
- 徹底的に探求する
- 人のせいにしない
- 勉強熱心

「楽観的」「ねばり強さ」などは、意識を変えることで近づくことができるでしょう。

一方、「考え方・行動」については、努力次第で大きく向上させることができます。実は、この表に掲げている成功する起業家に共通する「考え方・行動」をマネすることで、誰でも「起業家に向いている人」になれるのです。

こうした起業家に向いている**「考え方・行動」ができるようになるのにも、「起業ノート」は有効です。この表に掲げる「考え方・行動」を繰り返し書き記して、日頃から実践していく訓練をする**ことで、しだいに「起業家に向いている人」になれるのです。

さらに、より優れた経営者になるための資質としては、これらに加えて「高い倫理観」「人望」「懐の深さ」などが求められます。あなたも、起業を志した日から近づけるように取り組んでください。

起業家を襲う「お金の魔力」とは?

起業した人に精神的な影響を与える要素としては、お金の問題がもっとも大きいといえます。そのため、起業したいけど躊躇する人の大半は、お金に関する不安を抱えているのです。

起業してしばらくの間は、思うように売り上げが上がらなかったり、予想外の出費があったりするので、資金が急激に少なくなってくるものです。人によっては、とてつもなく大きな不安に襲われて、「お金をどうしよう」ということばかり考えてしまい、肝心のビジネスに関して正常な判断ができなくなることがあります。

すると、「簡単に儲けることができますよ」といった誘い文句に乗って失敗するなど、まさに「貧すれば鈍する」のことわざのとおりの現象が起こります。

逆に、うまくいってかなり大きなお金を得ることができた場合も、高級車を買うなど浪費してしまい、ビジネスがおろそかになる人もいます。

こうした起業家は、「お金が多いか少ないかで人生が左右される」と思い込んでいることが原因で、翻弄されてしまっているといえます。そのため「お金は魔力をもつ怖いもの」といわれることがありますが、お金は経済活動の手段として使われるものに過ぎず、**人の気持ちが魔力を引き寄せてしまう**のです。

一方、起業を成功させて事業を長く続けられる経営者は、「金は天下のまわりもの」と気楽に考えており、たとえお金が少なくなっても慌てふためくことなく、冷静にビジネスで収益を上げる方法を考えて実行します。お金に支配されるのではなく、逆に「お金は自分が支配するもの」と考えて、自分がやりたいビジネスで儲けて、お金がもたらす幸せを享受しています。

「お金の魔力」に飲みこまれないようにするために、**サラリーマンから起業家へ転身する前に、お金に対する考え方を変えておく**ことがとても重要です。

「起業ノート」を使って、お金に対する考え方を変革しましょう。

事業にとってプラスになるお金の使い方を考え、思いつく限り書いていくのです。反対に、事業に必要のないお金の使い方を書き出していけば、不必要な浪費を抑えることができます。

サラリーマンの場合は、毎月の収入はある程度決まって

▶起業に必要なお金を考える

事業にプラス

・商品仕入
・広告費
・人件費
……など

事業にマイナス

・高級車
・広い事務所
・交際費
……など

いるので、その範囲でできるだけ節約して使おうとします。

しかし、起業家となれば、お金を節約することだけを考えていては、ビジネスが先細りになってしまいます。起業したものの廃業してしまう原因の1つは、お金を使わなかったことにもあるのです。

収益を確保するためには、商品の仕入や広告宣伝費などに、ある程度のお金を使う必要があります。もちろん、効果がないものにお金をつぎ込み過ぎると、あっという間になくなってしまいます。常に効果を計測しながら投資することが重要です。うまくいけば、投資した金額をはるかに超えるリターンが生まれることがあり、それが事業活動の醍醐味ともいえます。

とはいえ、リターンを見込んで投資しても、思った通りの効果が出ず「金をドブに捨ててしまった」という結果になることも珍しくありません。そのような失敗を繰り返しながらも、「投資とリターン」を考えて、リスクをとって事業活動ができる起業家だけが生き残れるのです。

失敗事例から経営にまつわるリスクを学ぶ

起業して事業を繁栄させるためには、ほかの起業家の成功事例を研究するのも有効ですが、失敗事例を知っておくことのほうが、はるかに役に立ちます。なぜなら、成功事例は、その起業家ならではの強みが源泉になっていることが多く、他人がマネしてもうまくいかないことがほとんどだからです。一方、**失敗事例は、多くの起業家が共通して陥ってしまう可能性のある「落とし穴」を教えてくれます**。

私は金融機関に勤めている間に、融資担当者として約5000名の新しく起業する人を支援してきました。当然ながら、「この人は起業すれば事業が軌道に乗って、借入の返済もきちんとできるだろう」と見込んだ人だけに融資します。

ところが、このような起業家の中には、首尾よく資金調達して事業をスタートできたのに、返済が滞ってしまう人がいました。早ければ、融資を受けて1年もしないうちに倒産する場合もあります。

融資をした側の金融機関の担当者であった私は、「なぜあの人はうまくいかなかったのだろうか?」と思って、追跡調査をしたことがあります。それでわかったのですが、返済が滞るようになった原因としては、次のようなケースが代表的なものでした。

業況不振
売り上げが少なく、採算がとれない状態です。

資金繰り難
たとえ売り上げは順調だったとしても、売った代金の回収が遅くなるなどして、お金が手元に残っていない状態です。

過大投資
多額の資金を投入したものの、その投資がうまくリターンにつながらず、大赤字となってしまったものです。

負債過多

過大投資、資金繰り難、浪費などが原因で借金が膨らみ、返済力を超えたものです。

本業以外での失敗

金融商品への投資など、本業以外で損失を出して資金不足に陥ったものです。

お金のトラブル

「従業員が金を使い込んだ」「損害賠償請求をされた」などのトラブルで、資金が不足してしまったものです。

経営者の健康問題

経営者の病気やケガで、稼働できなくなってしまうことがあります。

これらが借入を返済できなくなる、ひいては倒産してしまう直接的な原因であり、企業経営において陥る可能性があるリスクといえます。

しかし、実はそうした事態に至ったのには、起業家本人に起因する問題が引き金になっていることが多いのです。つまり、起業家自身が、危機意識の欠如などから、こうした事態を呼び寄せてしまっているということです。

たとえば、「業況不振」が起こるのは、経営者によるビジネスモデルのブラッシュアップやマーケティングの工夫が足りなかったためだと思われます。「お金のトラブル」も、防止するための方策や、保険に加入しておくなど、起こった場合を想定した対応策をとっていなかったことが問題です。

経営においては、経営者のちょっとした油断がきっかけで存亡の危機に直面することが少なくありません。企業経営における**本当の「落とし穴」は、経営者自身が掘ってしまう**といっても過言ではないのです。

でも、「起業ノート」に経営におけるさまざまなリスク

▶失敗事例をスクラップする

先人たちの失敗事例が載った記事は保存しておきましょう。あとでみてわかるように、そのポイントを一言大きく書いておくといいでしょう。

をまとめ、事前にそれを踏まえておけば、致命的な事態になる前に対策を打つことで立ち直ることは可能です。そのためには、起業の成功事例だけではなく、失敗事例にも目を向けて「反面教師」とすることがとても有効なのです。いろいろな起業家のエピソードの中から、失敗例を書き抜いたり、新聞や記事などのスクラップをまとめておいたりすると、あとで参考になることが多いでしょう。

事業が行き詰まると、どうなるか？

起業を考えても踏み出せない大きな理由の1つが、「もし事業に失敗したら人生を棒に振ってしまうのではないか」という不安です。また、「日本では事業で失敗すると、再起が難しい」といわれることもあります。

そこで、実際に事業に行き詰まってしまったらどうなるのか、というお話をしておきたいと思います。

結論からいうと、**失敗しても再起することは十分可能**です。もちろん、「楽に再起できる」とはいえません。借金をどうするかという問題や、支払いができなくなって迷惑をかけた人への肩身の狭い思いなど、たいへんな苦労は避けて通れません。

しかし、自己破産など、法的な手続きをとることで、抱えている負債をリセットする方法もあります。つまり、事業に失敗しても、まずは最適な方法で事業を畳んで、サラリーマンに戻るなど収入を得る方法を模索すれば、「人生を棒に振る」ようなことにはならないのです。

私が大阪で出会った人は、以前は雑貨小売店を多店舗展開して儲かっている経営者でした。しかし、景況悪化の影響で次第に売り上げが減少し、赤字続きとなり、借入金を返せないほど厳しい状態になってしまいました。ついには、会社も経営者個人も破産する羽目になったのです。

法的手続きである自己破産をして、裁判所から「免責決定」というものが出されると、それまで背負っていた借金を返済する必要がなくなります。でも、この人は、自己破産をしてわずか1年後に、再度起業して立ち直りました。自分がもっていた技術を駆使して、ある機械を売り出したところ、それが飛ぶように売れて再び「儲かる人」に返り咲いたのです。

また、ある建設業を営む経営者は、銀行から多額の借金をして、新事業のための設備投資をしましたが、まったく売り上げにつながらず、返済ができなくなりました。しかし、その企業は本業では利益が出ていたので、大赤字を出している新事業以外を別会社に切り離し、いわゆる「事業再生」をすることに成功しました。

新事業に関しては、銀行からの借入を踏み倒したことになりますが、銀行がそれ以上執拗に借金を取り立ててくることはなかったのです。お金がないところに、いくら「金を返せ」と迫っても、返済してもらうことは無理だからです。

このように、起業してうまくいかず借金が返せなくなっても、再起することは十分可能なので、人生を諦める必要はありません。昔のドラマのように、怖い人が来て「金返せ、コラ！」と迫ってくることもほとんどありません。

だからといって私は、「失敗しても問題ないから、積極的に起業しましょう」というつもりは毛頭ありません。失敗したときの苦労はたいへんだからです。起業前に、「いかにして失敗しないようにするか」という観点で、しっかりとノートをつけ、起業の準備をしていただきたいと思います。

他人からの評価は一喜一憂せず、冷静に受け止める

起業を志して準備をするようになると、自分が考えているビジネスプランを人に話す機会が出てきます。

すると、「それはいいビジネスだ」といい評価をされることもあれば、逆に「そんなビジネスではやっていけない」とダメ出しを浴びることもあります。肯定されると自信につながって嬉しいのですが、反対に否定的なことをいわれると「やっぱり自分は起業しないほうがいいかもしれない」と落ち込んでしまいがちです。

私は、起業家として成功する要素の1つは、人の意見に耳を傾けられることだと思っていますが、他人にいわれたことで右往左往し過ぎると、自信をもって起業することはできません。

他人から意見を聞いたときに重要なのは、一喜一憂するのではなく、**相手がどんなバックグラウンドをもっている人で、どのような根拠で評価しているのかを理解した上で受**

け止めることです。これも頭で考えるだけでは、なかなか理解できないので、ノートにそれぞれの立場と意図を書いてみて、冷静になって見直すことをお勧めします。

たとえば、相手がビジネスの経験がないような人であれば、一消費者としての目線や興味本位で評価することがあるので、注意が必要です。日本では「サラリーマンとしてコツコツ仕事をして給料をもらって生活するのが当然」と思っている人がいるので、「起業なんてしたら大変だよ」「とても食っていけないから、やめたほうがいい」といった否定的な意見をいう人も少なくありません。このような声を聞くと、起業しようというモチベーションが下がってしまいます。

しかし、彼らの意見はビジネスプランの中身をみているというよりも、起業に対する偏見から出ている場合もあるので、気にし過ぎないことが大切です。

▶他者からのアドバイスはこう記録する

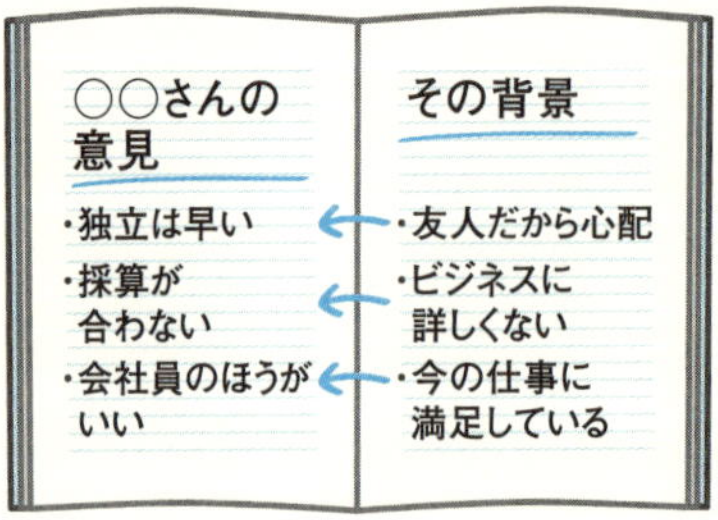
○○さんの意見
その背景
・独立は早い
・友人だから心配
・採算が合わない
・ビジネスに詳しくない
・会社員のほうがいい
・今の仕事に満足している

他者からアドバイスや批判を受けたときも、冷静に分析することが大事。その人の立場や背景から、なぜそういったのかがわかるようノートに書きましょう。

一方、起業に関してノウハウをもっている人に評価してもらうと、ビジネスプランをブラッシュアップするためのいいヒントをつかめる可能性があります。最近は、起業支援をしている公的または民間の機関が充実しています（公的な機関では「創業支援センター」や「商工会議所」など、民間では「起ちあがれニッポンDREAM GATE」などがあります）。

このような機関に所属している専門家に、あなたのビジネスプランについて相談すれば、**自分では気づかなかったような観点からアドバイスをしてくれる**でしょう。ときには厳しい評価をされる場合もありますが、どんな根拠でいっているのかをよく確認して、ビジネスプランの改善に取り組めばいいのです。

また、起業支援機関などでは、「ビジネスプランを評価する「ビジネスコンテスト」が開催されることがあるので、積極的に参加することをお勧めします。これは、審査員の前でプレゼンテーションを行い、優秀者が表彰されるというものです。ときには、審査員から辛辣なダメ出しを浴びることがありますが、それによって改善のヒントを得られることが少なくありません。

一方、コンサルタント的な立場の人ではなく、長年事業を続けている経営者に評価してもらうことも有効です。経営者として経験したことに基づいて、あなたのビジネスプランをシビアに評価してくれるからです。

ただし、他人にビジネスプランを話すときに、注意しなければならないことが2点あります。

1つは、技術やノウハウを話し過ぎると、マネされる懸念があるということです。もしあなたのビジネスが、他人に先行されたら困るという内容であれば、根幹となるノウハウは軽々しく話すべきではありません。

もう1つは、**誰にも評価されないようなビジネスこそ、大ヒットして世の中を変える可能性がある**ということです。もし、あなたの考えるビジネスが、これまでにない斬新なものであるとすれば、ほとんどの人から否定的な意見をもらうかもしれません。でも、「必ず多くのお客様を見つけることができる」という強い信念があるならば、否定的な意見に屈せず、実現のために邁進していただきたいと思います。

第6章

足りないスキルとノウハウをまとめておこう

実務で必要なスキルとノウハウをノートに書き出す

第3章で、「ビジネスを固める」プロセスの中で「スキルとノウハウを補う」準備が必要だと述べました。

起業家としてビジネスの実務を進めていくためには、サラリーマンとは異なるスキルやノウハウが求められます。

サラリーマンの間は、既存の組織やルールに従って仕事を進めればいいのですが、起業家はそれらを自分でゼロから構築しなければならないからです。

「経理はまったくわからない」「法律のことは知らなくても影響ない」といって毛嫌いしていては、起業後に思わぬ落とし穴にはまりかねません。

起業家として身につけておきたい実務上のスキルやノウハウとは、主に次のような項目になります。

1 ビジネスモデル構築に関するノウハウ

始めるビジネスの内容に関するノウハウのことであり、競合他社との差別化を図るために非常に重要です。技術力、専門知識、商品・サービス開発力、情報収集力などによって構成されるノウハウです。起業のためにビジネスモデルをブラッシュアップする過程で、徹底的に高めておくことが必要です。

2 お金の管理

起業家として成功するためには、お金の管理に関して幅広い知識が求められます。毎月の「売上高」「原価」「販売管理費」「利益」といった数字を把握する経理処理を行い、税金の申告もしなければなりません。

B2Bの事業では、モノやサービスを売っても、実際にお金が入るのは数カ月先になってからです。仕入や経費の支払いのほうが先行することがありますから、資金繰りに気を配る必要があります。また、資金が不足すれば、どこからか資金を引っ張ってくる資金調達のノウハウも必要になってきます。

3　マーケティングや営業のスキル

売り上げを上げるには、自社の商品やサービスをお客様に買ってもらうためのマーケティングや営業に関するスキルが欠かせません。

4　法律の知識

商取引においては、後々のトラブルを回避するために、できるだけ契約書を取り交わすことが重要です。また、飲食店や不動産業など、許認可が必要なビジネスもあります。このような、自分のビジネスに関係する法律の知識を習得しておきましょう。

5　ITスキル

今やどんなビジネスにおいても、飛躍するためにはＩＴを活用することが有効です。一口にＩＴといっても、コンピュータシステムによる業務管理やソーシャルメディアの活用など多岐にわたります。とくに小さな企業の場合は、ウェブマーケティングによって成果をあげられる可能性が高いのです。

6 人を雇うことに関するノウハウ

従業員を雇う予定がある場合は、労働保険や社会保険などに関する知識が必要です。また、従業員のモチベーションを高めて、能力を最大限に発揮できるようにするマネジメントスキルも重要です。

7 接客サービスの能力

中小企業の場合は、飲食店や美容院などの業種に代表されるように、経営者自身も接客サービスを行うことが多く、それが売り上げを左右するといっても過言ではありません。たとえ、直接は従業員が接客する場合でも、経営者自身に顧客満足度を上げるためのノウハウがなければ、お客様が逃げてしまいます。

以上のようなスキルやノウハウについては、起業してから身につけようとしても遅すぎます。習得するための第一歩は、あなたが考えている**ビジネスに必要と思われるスキルとノウハウをピックアップして「起業ノート」に書き出す**ことです。その上で、広く浅くでもいいので、できるだけ起業準備段階に習得しておくことが重要なのです。

ノートをつけて行動すると、情報が飛び込んでくる

前項であげたような起業に必要なスキルやノウハウのうち、もっとも重要な「ビジネスモデル構築に関するノウハウ」は、日頃から、業界を取り巻く環境や、競合先とみられる企業の情報などを収集することによって高めることができます。

ビジネスに関する情報は、書籍を読んだりインターネットを検索したりすることで、ある程度入手することはできますが、誰でも簡単に手に入る情報だけでは、競合先と差別化することはできません。真に有効な情報は、自分が独自に集めた「一次情報」なのです。

ビジネスモデルについて、**「起業ノート」に書きながら**真剣にアイデアを練って、**自分の足で歩いて情報を求めていると、思わぬところから重要な情報が飛び込んでくる**ようになるものです。

たとえば、「自然食レストラン」を開業することを考えていると、街を歩いているときに、店に掲示してある「健康食品」や「有機栽培の食材を使っている……」などの看板や

POPが目につきやすくなります。書店に入ると、自然食に関する書籍や雑誌がとても多くあることに気づきます。これは、無意識のうちに、脳が「何かビジネスのヒントになる情報はないか」と求めるようになるからです。

この現象は、人との会話でも起こります。たとえば、「流行っている自然食レストランを探す」とノートに書くと、人と世間話をしているときに、「○○駅の近くに栃木県産の無農薬野菜を使った飲食店があるよ」と知らなかった繁盛店の情報が得られることがあります。

また、「起業ノート」に収集したい情報を書いて、関係するような人を訪ねて求めていくと、複数の人を介して貴重な情報が得られることもあります。たとえば、「食材の仕入先となる野菜の生産者を探す」とノートに記しておきます。そして、産地の農家や農業関係者などに積極的にアプローチして主旨を伝えると、いい生産者に出会える確率

▶欲しい情報はノートに書いておく

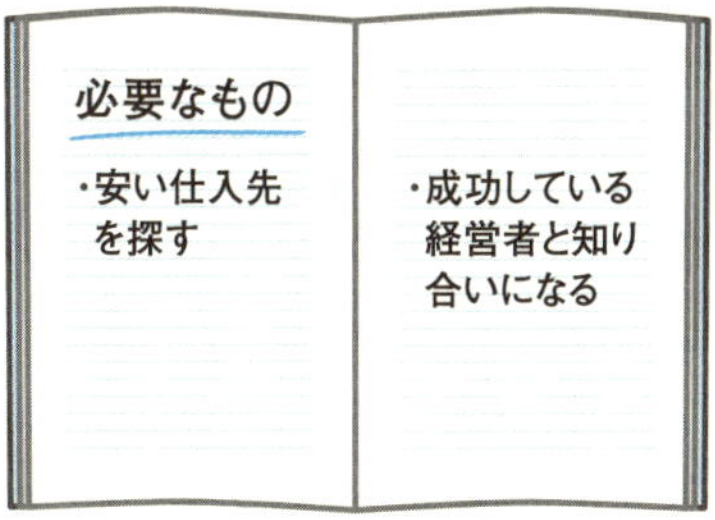
必要なもの
・安い仕入先を探す
・成功している経営者と知り合いになる

事業に必要で、欲しいと思うことを書き出すと、それが現実化されることがあります。とくに、人に会うことを書き、実行すると、可能性が高まります。

がグッと高まるのです。

このように、**「起業ノート」に欲しい情報を明確に記すことで、心の中にアンテナが立つようになり、情報感度がアップします**。もっとも、真に役立つ情報を得るためには、「起業ノート」に書くだけではなく、積極的に行動することが欠かせません。

とりわけ、有効な一次情報を得るための近道は、**人に会うことです**。あなたに必要な情報をもっているのではないかとみられる人物に、積極的に会うためのアプローチをしてみてください。もちろん、断られることもあるでしょう。しかし、成功を積み重ねる起業家に共通する特徴の1つは、断られることを恐れず、人に働きかけることです。

「起業ノート」をつけるのは、起業家に必要な行動力を醸成するためでもあります。ぜひ、有効な一次情報に近づくために、臆することなく人へアプローチしましょう。

勤めている会社はノウハウの宝庫

起業を決意すると、勤めている会社の仕事のことは上の空になってしまう人がいます。

しかし、勤めている会社の仕事の中には、起業後に使えるノウハウがたくさん隠されていることが多いのです。

長年続いている会社には、商品開発、マーケティング、事務処理などに関して、改良を積み重ねて完成されたノウハウがたくさんあります。退職まで残された時間を漫然と過ごすのではなく、ノウハウを少しでも身につけられるように、**退職を決意したときからこそ会社の仕事に熱心に取り組む**ことが重要なのです。

とくに、勤務経験で培ったスキルを生かす「独立型」の起業を考えている人は、勤務先の会社が持っているノウハウを、退職する直前まで十分に吸収しておくことが重要です。勤めている間は普通に得られていた情報でも、辞めたあとでは、いくら仲がよかった同僚でも、社員でないあなたには教えてくれないのが普通だからです。

また、「独立型」の起業ではなく、今の会社の仕事とまったく関係のないビジネスで起業しようとしている人でも、活用できるノウハウがたくさんあります。会社にいる間はあまり気にしないものとして、総務、経理、人事労務関係の事務処理やルールなどがありますが、起業すると、それらは自分ではなかなかできないことが多いものです。

たとえば、お客様から「見積書」や「請求書」などを依頼されたときに、勤めている間は会社のコンピュータを利用することで簡単につくれますが、起業後は「どんな形式でつくればいいのだろうか？」と困ってしまいます。

もちろん、まったく同じものをつくることはありませんが、書式や事務処理など参考になる情報はたくさんあります。

総務、経理、人事労務関係の事務処理やルールなど、起業後に必要なノウハウは多岐にわたるので、それぞれの項目ごとにノートを分けてポイントを記載するのも効果的です。実際に起業したあとに、これらのノートを発展させて社内ルールの基本をつくる場合もあります。

とくに、**マーケティングや営業に関して、勤務している会社がどのような手法で取り組んでいるかしっかり把握しておく**ことは、起業後の顧客開拓に役立ちます。営業については、組織として持っているノウハウだけではなく、結果を出している営業マンからも技を盗んでおくことをお勧めします。起業して経営者となっても、自ら営業しなければならないからです。

ただし、マーケティングや営業は、会社の規模やブランド力によって有効な手法が異なるので、起業後に同じやり方を実行しても期待どおりの効果が出ないかもしれません。大切なことは、会社のノウハウを吸収しながら、小さな規模で起業したあとでも使えると思える手法を自分なりに積み上げていくことです。

私のクライアントに、広告制作業を起業した人がいますが、同業種の会社に10年以上勤めていました。彼は、起業を決意したあとに、「この会社のノウハウをすべて盗んでやろう」と考えて、退職までの1年間は熱心に仕事をしながら、所属していない総務や人事といった部署の仕事も観察していました。起業後は、吸収したノウハウを生かしたことが功を奏して、事業を軌道に乗せることに成功しています。

あなたも、起業を決意したなら、ぜひ勤めている会社のノウハウを吸収できるように取り組んでみてください。

▶今いる会社は起業ノウハウの宝庫

会社を辞める前に、今いる会社からいろいろなノウハウを学んでおきましょう。自分の仕事以外の業務についても、なるべく接することが大切です。

スキルアップのためには転職も選択肢

「起業ノート」に必要なスキルとノウハウを書き出したら、1つやっておくべき重要なタスクがあります。それは、**あなた自身の棚卸をする**ことです。

これまでの人生を振り返って、どのようなスキルやノウハウを身につけてきたか、ほかの人にない強みは何か、苦手な分野は何か、といったことについて、徹底的に洗い出して「起業ノート」に書く作業を行ってください。その作業を行うことで、起業するために必要と思うスキルやノウハウについて、どこが足りていてどこが不足しているかを確認することができます。

たとえば、とくに重要な「マーケティングや営業に関す

▶自分の棚卸をする

1社目（3年間経験）	2社目（1年間経験）
業務内容:	業務内容:

るスキル」を例にとると、これまで営業の仕事をしたとき、業績がどうだったかを思い出すのです。なかなか思うように売ることができず、営業に関して苦手意識が残ったままだとすれば、起業してからもトラウマになり、十分な売り上げを確保できない可能性があります。

このように、自分の棚卸をしてみて、スキルの面で大きな不安がある項目については、自信を持てるように補強する必要があります。そのための方法として、**違う会社に転職してみる**ということも選択肢の1つです。営業スキルに不安があるなら、思い切って歩合制の営業職を求めている会社に転職すると、自分を鍛えることができます。

あるウェブ制作会社をつくって起業した人は、営業経験がないことに不安を感じていたので、なんと起業前に新聞販売員の仕事を経験しました。家を1軒1軒回って断られ続ける中で、話の切り出し方や頭の下げ方などに工夫を重ねていると、次第に契約が取れるようになったそうです。

その経験を積んだ結果、起業後も営業がうまくいって、多くの取引先を確保できました。もちろん、新聞販売員の一般消費者に対する営業と、起業後の法人営業とは内容が異なりますが、営業に対する苦手意識を払拭できたのが功を奏したのです。

大企業に勤めている人の場合は、大きな組織の歯車の1つとしての仕事になりがちです。いざ、独立してすべて自分でやらなければならないようになると、何もできないという事態に陥ることもあります。起業までに半年でも1年でも時間的な余裕があれば、ベンチャー企業など中小企業へ転職することを考えてみてはいかがでしょうか。大企業の仕事とは大きく異なるので、苦労はすると思いますが、小さな企業の実態を知るとともに起業後に必要なスキルを磨くこともできます。

ただし、転職する場合は、あくまでも「起業前のためのスキルアップ」と位置づけて仕事をすることが重要です。周りの社員の雰囲気に流されて、起業へのモチベーションが下がってしまっては意味がありません。そのためにも「起業ノート」を活用して、起業の思いや熱意を振り返り、「起業する」という強い目的意識を持ち続けることが大切です。

エキスパートに金を払ってノウハウを買う

起業のために必要なノウハウを効率よく得るためには、「起業ノート」だけではまかない切れないことがあります。そんなときは**「専門家」を活用する**のがいいでしょう。「専門家」とは、「ある技芸や学問などの専門的方面で、高度の知識、またすぐれた技能を備えた人」（『大辞林』より）のことです。

起業のときに必要になる専門家といえば、税理士、司法書士、社会保険労務士などの士業を思い浮かべると思います。会社設立、税務、人事労務など、経営に関連する手続きについては、こうした士業に相談・依頼すれば効率的に進めることができます。

実際に依頼するときは一定の費用がかかりますが、最近は士業も競合激化のため、以前と比べて費用が安くなっています。会社設立を例にとると、以前は10万円以上したものが5万円以下（印紙代等は別途必要）で引き受けてくれる事務所が少なくありません。中には、「無料」をうたっている事務所まであります（無料の場合は、月々の顧問契約などの条件がついていることがあるので留意が必要）。

たとえば会社の設立など、勉強すれば自分でやり遂げることが可能なものもありますが、**時間的なロスを考えれば、専門家に任せるほうがはるかに効率的**です。

このような士業に頼るべきノウハウは、通常、いよいよ起業するというタイミングで必要になるものですが、起業準備段階でも専門家を活用することによって、ノウハウの蓄積速度を飛躍的にアップすることができます。とくに「ビジネスモデル構築に関するノウハウ」「マーケティングや営業のスキル」「ITスキル」などに関しては、それぞれ多種多様の専門家がいるので、コンサルティングを依頼することも検討する価値があります。

起業支援を行っている機関には、各種の専門家が所属しており、最初の相談は無料で対応してくれることがあります。しかし、無料相談だけでは、得られるノウハウには限界があります。彼らは、自分がもっている情報や知的ノウハウが売り物ですから、無料で対応できる範囲をある程度限定しているのが普通です。専門家から真に役立つノウハウを引き出そうとすれば、金を払ってコンサルティングを受けることが必要です。

しかし、サラリーマンの間は、人のノウハウに金を払うという感覚があまりないのが一般的です。私も起業前に、あるコンサルタントに「会って相談させてほしい」と頼んだところ、「相談するなら5万円必要」といわれて、面食らった経験があります。最初は「相談するだけで5万円も取るなんてあこぎな！」と思いましたが、あとで「5万円の価値があるかどうか見てやろうじゃないか」という気持ちになって、思い切って有料相談を申込みしました。すると、そのコンサルタントは、本やネットでは得られない貴重な情報やノウハウを伝授してくれたのです。

▶足りないスキルは専門家に頼もう

専門家	お願いする主な業務
税理士	税務申告、会計業務
司法書士	会社の登記
社会保険労務士	就業規則などの作成、人事・労務アドバイス
弁護士	紛争解決、法的倒産処理
公認会計士	上場のアドバイス、監査
弁理士	特許の申請
コンサルタント	マーケティング、IT・システム、起業、上場、人材育成など幅広いテーマでスキルを提供

ただし、依頼する専門家は慎重に選ぶ必要があります。金をかけて頼んでも、「大したノウハウをもっていなかった」などの理由で、無駄になってしまう可能性があるからです（それも貴重な経験にはなりますが……）。その人がどのようなバックグラウンドをもっているのか、評判はどうかといったことについて、できるだけ事前調査した上で依頼する必要があります。

資格を取得すれば起業できるか？

昨今、企業に勤めているビジネスマンの中には、資格試験の勉強に取り組んでいる人がとても多いようです。早朝のカフェに行くと、熱心に参考書を読んでいる人の姿が目につきます。

とくに起業を志すと、「まず何か資格を取ることが先決」と考えて、士業などの資格試験の勉強にチャレンジする人がいます。しかし、今や弁護士や公認会計士など超難関資格をパスして独立開業しても、「食えない」状態の人がたくさんいるのが実態です。

だからといって、「資格では起業できない」というわけではありません。私自身も、中小企業診断士をもっていたことが1つのきっかけで起業しており、資格があるからこそいただける仕事もたくさんあります。

そこで、資格を取得しての起業を考える際のポイントを説明しておきます。

1 これまでの経験の延長線上にある資格を選ぶ

たとえば、長年、経理の仕事をしていた人が税理士の資格を取得するなど、実際にやってきた仕事に関係する資格であれば、独立に向くといえます。培った経験に資格が加わることにより、ブランディングの効果が生まれ、軌道に乗せられる可能性が高まります。

ところが、これまでの経験とはまったく関係のない資格で起業しようとしても、現実にはとても遠大な計画となります。なぜなら、○○士の資格を取ったとしても、その仕事の実務を知らないからです。たしかに、経験と無関係の資格で起業して順調に稼いでいる人もいますが、とても大きな苦労を乗り越えることが前提となります。

資格で起業を考えるなら、これまでの経験や実績をさらにアピールできる資格を選ぶことをお勧めします。

2 資格で起業した人の成功モデルをチェックする

今や難関資格である士業でも、「〇〇士事務所」と看板を掲げれば、お客さんが寄ってくるという時代ではなくなりました。たとえば税理士を例にとると、一般の人からみれば、どの税理士でもあまり違いがわからず、サービス価格が選択のポイントとなってしまいがちです。いかにして数多くいる同業者の中から選んでもらえるか、工夫を凝らさなければなりません。

私の知人の税理士は、最初は1人で開業しましたが、5年ほどで顧問先を増やしスタッフ20名を抱えるほどになりました。この税理士のように、短期間で規模を拡大している人は、間違いなくマーケティングや営業活動に長けています。価格で訴求するのではなく、コンサルティングなどの独自サービスを打ち出したり、本人のパーソナリティを

▶ネットやメディアから成功例を学ぶ

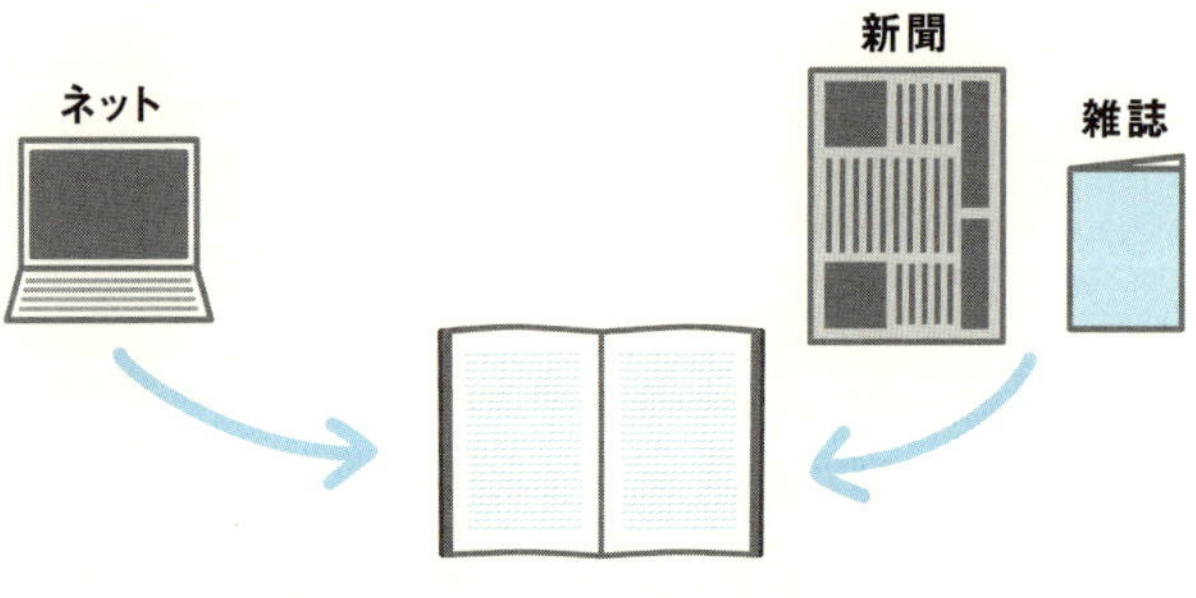

うまく表現したりして、競合先と差別化しているのです。

資格を活用して起業した人の中には、この税理士のような「成功モデル」といえる人がいます。起業を意識してネットやメディアを注視していれば、「成功モデル」を見つけることは難しくありません。あなたが、資格による起業で活躍しようと思うなら、**「成功モデル」の人が、どのような活動をしているか**、しっかりとチェックして**「起業ノート」に書き留めておく**ことが有効です。

3 資格の枠にとらわれないビジネスを考える

資格を活用して起業するからといって、その資格の本来の業務だけにとらわれると、同業者との競争に巻き込まれるだけです。○○士であっても、たとえば企業研修など、少し異なる周辺業務を行っていくことで、独自のマーケットを開拓することができます。

ただし、資格によっては活動範囲を制限されているものもあるので、十分留意する必要があります。規定に抵触しない範囲で、できるだけオリジナリティを出せる活動を行っていくことが、同業者に差をつけられる強みとなるのです。

本当に効果的なセミナー受講法とは？

起業の準備のために効果的な方法の1つとして、セミナーを受講することがあげられます。起業のためのセミナーというと、商工会議所などで開催されている「起業支援セミナー」や「創業塾」といったものが有名です。これらは5～6回のコースになっていて、起業のために必要なノウハウを段階的に学べるセミナーです。

カリキュラムとしては、ビジネスアイデアの発想法、ビジネスプランの作成方法、資金調達のノウハウなど、毎回参加すると幅広く基礎的な知識が得られる内容になっています。5000～6000円程度の比較的低料金で受講することができ、土日の開催が多いので、企業に勤めている人でも参加しやすいセミナーです。ぜひ参加することをお勧めします。

また、最近では公的機関だけではなく、民間企業やコンサルタントなどがさまざまなセミナーを開催しています。ビジネスに関するノウハウを教える「ビジネスセミナー」や

「自己啓発セミナー」と呼ばれるものなど、東京を中心に数多く行われています。このようなセミナーの中にも、起業準備に役立つ内容のものが少なくありません。

ちなみに、私が起業前に受講したセミナーは、「出版セミナー」「セミナー講師になるためのセミナー」「ウェブマーケティングセミナー」などで、1万〜5万円の参加料がかかるものでした。サラリーマンであった私にとっては痛い出費でしたが、これらのセミナーに参加したおかげで、今のビジネスに役立つノウハウの多くを身につけることができたのです。

セミナーに参加するメリットは、ノウハウが学べることだけではありません。自分自身の能力の棚卸をする機会になり、**ビジネスアイデアの練り上げのヒント**がつかめます。また、とくに高額なセミナーの参加者は意識や能力が高い人が多く、名刺交換して話をすることにより、**人脈を**

▶セミナーに参加しよう

スキルを学んだり、自分の能力を知る上で、セミナーの受講は有効です。さらに人脈が広がったり、起業へのモチベーションも高まります。

構築することができるし、起業に対するモチベーションもアップします。さらに、起業後に自分がセミナーを開催するときのノウハウを得ることも可能です。

しかし、漫然とセミナーを受けても起業に役立てることはできません。効果的にセミナーを受講するためにも、やはり「起業ノート」を活用してください。セミナー受講だけに絞ったノートをつくってもいいですし、マーケティングなど分野ごとに分けた「起業ノート」に記録してもいいでしょう。

セミナーの内容を細かく書く必要はありません。あなたが「これは貴重なノウハウで実行できる」と思ったものに絞って記録することが重要です。セミナーで学んだノウハウは得ただけではなく、実行することで初めて生かされるからです。たとえば2時間のセミナーで、ほとんどがつまらない内容だったとしても、1つでも使えるノウハウが得られたら参加した意味があります。

もしあなたが首都圏ではなく地方にお住まいなら、近くではあまりセミナーが開催されていないかもしれません。可能でしたら、大都市まで出かけてでもセミナーを受講することをお勧めします。

私は鹿児島に住んでいるときに、毎月、東京で開催されるセミナーに飛行機で行って参加しました。また、実際のセミナーに参加できなくても、「ウェブセミナー」やビジネスに関するDVDやCDを活用する方法があります。インターネットで検索すると、さまざまなものがあることがわかります。

セミナーに参加すると、本などでは得られない旬で生の情報が得られるものです。セミナーを効果的に受講することで、起業準備が飛躍的に進みます。

「ITに関する知識は起業家の常識」

現代は、ほとんどのビジネスでITを抜きにして活発化させることはできないといっても過言ではありません。とくに、インターネットの活用は必須で、**「私はパソコンが苦手で……」と避けているうちは起業すべきではない**でしょう。ノートの話とは少し異なりますが、起業に必要なノウハウという観点から、準備すべきITの知識について説明したいと思います。

たとえば、ITに関係のなさそうな業種として、「居酒屋」を開店することを想像してください。老舗の店であれば、口コミだけで十分繁盛しているかもしれませんが、新しい店はお客さんを呼ぶための広告宣伝活動が欠かせません。新聞折込みチラシや雑誌の広告を出そうと思えば結構な費用がかかりますが、ウェブやＳＮＳを活用すれば、低価格または無料で広告宣伝が可能です。「居酒屋」のような業種業態でも、うまく短期間に集客できている起業家は必ずといっていいほどインターネットを活用しています。

また、「インターネットは若い人しか見ないので、高齢の人を対象とする商売では宣伝効果がない」という意見がありますが、今や高齢者も多くの人がインターネットで情報収集をしたりショッピングをしたりしています。インターネットを通じて情報発信することが、ビジネスを軌道に乗せるために欠かせない時代になりました。

「ＩＴスキル」というと、一般の人にとってはとてもハー

▶ブログやFacebookを始めよう

起業で成功するには、起業家自身のアピールも大切です。お金がなくてもできるPRなので、積極的に取り組んだほうが得です。

ドルが高いことのように思えますが、なにも専門家のような高度な知識は必要ありません。あなたがいつも遊び感覚でネットサーフィンをしているなら、それを一歩進めて、**ブログを書いたりSNSを使ってみたりする**ということから始めればいいのです。

サラリーマンの間は、フェイスブックなどで顔を出して情報発信することに抵抗を感じると思います。しかし、起業家になるのであれば、積極的にネット上に自分のパーソナリティを表していく必要があります。人は、商品やサービスをどこから買うか選ぶときに、品質や値段だけではなく、売り手の人柄もチェックしようとするからです。起業の準備をするなら、たとえば起業準備をする過程を綴ったブログを書くとか、SNSで友達を徐々に増やしていくと、実際に起業するときに情報発信のツールとして活用できます。

また、とくに重要なノウハウとして、「**ウェブマーケティング**」といわれる分野があります。ネットを通じて自分の商品やサービスを対象顧客へ訴求する方法ですが、インターネット広告やアンケート調査、ネットショッピングなどが含まれます。広い意味では、ブログやSNSもマーケティングのツールの1つだといえます。

ウェブマーケティングのノウハウは日進月歩で進歩しており、時代の流れに伴って効果があるものも大きく変化しています。すべてのノウハウを習得しようと思っても、幅が広すぎて無理があります。あなたのビジネスに合う手法に絞って、できる範囲で実行できるように、起業準備段階から勉強していくことが大切です。

ただし、いくらIT活用が大切といっても、すべてを自分でやろうとすると、時間の無駄になる場合があります。たとえばホームページの製作などは、専門の会社に依頼したほうがデザイン性や効果の面でも圧倒的に質の高いものができます。信頼できる会社を探すのが1つの課題ではありますが、ITを効果的に活用するためには、うまく外注することが必要です。

基本的なビジネスマナーを押さえておこう

新卒でサラリーマンになったときには、ビジネスマナーについて会社の先輩や上司からしつこく教えられますよね。一方、起業したら、基本的に誰も教えてくれる人はいませんし、もし間違っていたとしても、注意してもらえないので、「これでいいのだ」と思い込んでしまうものです。

しかし、ビジネスマナーを知らないことが原因で、せっかくのビジネスチャンスを逃している起業家は多いのです。

起業家が押さえておくべきビジネスマナーは、サラリーマンとそれほど大きく異なるわけではありません。次のような点を意識してください。これらを**「起業ノート」の目につきやすい個所に記載しておく**といいでしょう。

1 時間や約束を守る

「当たり前のことだろう」と思われるかもしれませんが、意外にこれができていない起業家がいるのが実態です。「いつも時間に遅れる」「約束した日までに実行しない」「会合やセミナーなどを無断でドタキャンする」という人がいます。

こういう起業家は「たいしたことではない」と軽く考えているのですが、「ルーズな人」という評判は結構広がります。東京のように人口が多いところですら、「あの人はいつも時間に遅れる」という噂話は多いのです。「当たり前だけど、とても重要なマナー」だと自覚してください。

2 メールのマナー

起業すると、メールでのやり取りをする場面がとても多くなります。ところが、適当にメールを送っているために、損をしている起業家は少なくありません。

相手によって、件名の書き方や冒頭のあいさつ、文章の雰囲気も変える必要があります。読みやすいように、30〜40字で改行します。また、最後に「署名」を入れて、自分の住所などの情報をきちんと伝えることが重要です。ビジネスでは、長すぎるメールは嫌われますので、簡潔明瞭にすることを心がけてください。

また、メールは言葉と違ってニュアンスが伝わりにくいので、ちょっとした文章の書き方で相手に誤解を与えることがあります。送信する前に、読み手の立場に立って読み返して修正することが欠かせません。

3 発送やFAXのマナー

商品や書類を送る場合、相手が気持ちよく受け取れるような工夫が重要です。乱雑な宛名書きや、ボロボロの梱包で届いたらどのように思うでしょうか。

また、必ずわかりやすい「送付状」を添えることが大切です。ＦＡＸであれば「ＦＡＸ

送信状」をつくって、「本票を含めて3枚」などの表示をします。送付状や送信状をつけることによって、相手が連絡するときに役立ちますし、あなたのことをより強く意識するでしょう。

4 これまで染みついた習慣に気をつける

サラリーマンを長く続けて起業する人は、勤務時代に身についた習慣から抜け切れないものです。高い地位に上り詰めた人は、知らず知らずのうちに「自分は偉い」と思い込み、人に対して「上から目線」になりがちです。逆に、若くして起業する人は、きちんとあいさつができないなど、当たり前のビジネスマナーが身についていないことがあるので留意が必要です。

5 企業や役所の人と接する場合の注意点

起業家になると、あまり意識しなくなってしまうのが、組織における地位です。とくに取引先が大手企業や役所などの場合は、関係者と交渉するときに必ず相手の地位を意識する必要があります。部長などの役職名がついている人に対して、ヒラ社員と同じような話し方をすると、印象を悪くしてしまう可能性があります。必ず「○○部長」など、職名を意識して相手に敬意を払う習慣をつけてください。

また、とくに役所の職員は、タクシーやエレベーターの乗り方、宴席での席次などにこだわります。ちょっとした飲み会などでも、「上座がどこで席順をどうするか」と考えるのです。このようなマナーは、くだらないことのように思うかもしれませんが、ビジネスに直結することになるので、十分意識するようにしてください。

第7章

ノートを使って人間関係力を高めよう

人嫌いの人は起業で成功しない

起業して自分でビジネスをしようと思えば、人との関わりを抜きにして続けることはできません。たとえば、ネットビジネスなど、一見、人を介さないような事業でも、必ず取引先やお客様とのリアルの交渉が必要になる場面が出てきます。人とうまく交渉できることが重要で、そのためには、**他人に興味をもって接する能力が必要不可欠**です。いわゆる「人嫌い」の人では、起業してもうまくいかないと断言できます。

かくいう私も、実は金融機関に入社した頃、人と接するのがとても苦手で「どうやって逃げようか」と考えてしまうほうでした。でも、社会人4年目に大阪支店に異動し「大阪商人」を相手に仕事をするようになってから、克服することができたのです。クレーム対応などでつらい思いもしましたが、しだいに人と会話することが楽しく思えるようになりました。

対人交渉が苦にならなくなったことが、起業してからのビジネスにおいても役立っています。

もしあなたが、「自分は人嫌いだ」という意識があれば、起業するからには変わる努力をしてください。

心配ご無用です。起業しようという強い意欲がある人なら、間違いなく人が好きになれる可能性はあります。

あなたがなんのために起業したいのか、どんな夢や目標を達成したいのか、思い起こしてください。その夢や目標を達成するためにどうしても必要なことだと思えば、人と接することの苦手意識など吹き飛んでしまうことでしょう。

起業前の準備段階でも、初めて会う人と会話や交渉をすることが必要です。情報を収集するためにキーパーソンに会う、専門家にアドバイスをもらう、取引先候補の企業や人と話すなど、起業準備に必要な対人交渉の場面はたくさん出てきます。でも、しっかりと夢や目標が定められていれば、こうした人たちと会うことが苦になるどころか、**「楽しくて仕方がない」と思える**ようになります。相手の話の一言ひとことに、とても興味が湧いてくるものです。

起業準備において出会う人たちは、後々、大切な人になることもあります。私も、起業前に接した人たちが数多くいましたが、そのうち数名とは意気投合して、起業後も親しい付き合いが続いています。

起業を決意したなら、起業準備に**直接関係がないような人とも接する**機会を増やすことをお勧めします。勧めている会社の人ではなく、さまざまな企業のビジネスマンが集まる勉強会やセミナーなどに参加して、積極的にほかの参加者と話をしてみてください。初めて出会う人と会話することで、人への苦手意識はなくなり、むしろ会話が楽しくなってきます。

参加者の中には、同じように起業を目指している人もいることでしょう。また、思いがけず、起業に関する有効な情報が得られることもあるものです。

第6章でも述べましたが、ビジネスのために真に有効な一次情報は、本やネットではなく、人との会話からしか入手できないといっても過言ではありません。それだけ人と接する機会は重要な意味を持っているのです。

起業後も楽しく人と接することができるように、準備段階から積極的に人との会話をするように心がけてください。

使える「人脈マップ」をつくろう

「ビジネスには人脈が重要」ということは昔から言い尽くされていますが、今でもまったく変わらず「その通りだ」といえます。

ところで、「人脈」とは、どんな人たちのことを指すのでしょうか。

一般的に「人脈」は、「ビジネスを行う際に、情報やノウハウを与えてくれる人や、いざというときに支援してくれる人」というイメージで語られていますが、私はもっと広い範囲でとらえています。簡単にいうと、ビジネスで関わるすべての人が「人脈」だと考えています。

そこで、ビジネスに必要な人脈とはどんなものか、それぞれの人との付き合い方の留意点について整理してみたいと思います。業種によって違いはありますが、人脈はおおむね193ページの表のように分類できます。

このように、ビジネスを軌道に乗せるためには、たくさんの人たちとの関わりが欠かせません。構築すべき「人脈」とは、この表に記載されているすべての人たちとのつながりです。起業準備の過程でこのうちの多くを確保することが、順調なスタートを切るためのカギとなってきます。

「人脈は厳選すべき」という人もいますが、私はまず多くの人と出会って、**広く浅く人脈を構築する**意識が大切だと思います。長く付き合える人と出会えるかどうかも、確率論だからです。少なくとも起業準備段階から起業して間もない間は、セミナーなどに出かけて多くの人と接触することが必要です。その上で、真に有効な人脈を構築するツールとして、**「人脈マップ」をつくる**ことをお勧めします。

「人脈マップ」とは、「ビジネスで関係する可能性」と「信頼できるか」という2つの軸で構成されるシンプルなマトリクスです。

使い方は、出会った人について、このマトリクスのどこに位置するか考えてプロットしていきます。また、横軸は「好きか嫌いか」という軸にする方法もあります。企業に勤めている間は付き合う人を好き嫌いで選べませんが、起業家になれば無理して嫌いな人と付き合ってもうまくいかないからです。

本書では、手書きの「起業ノート」を勧めていますが、この「人脈マップ」は唯一パソ

▶ 人脈の種類

人脈の種類	具体例
販売先 （お客様）	・販売先企業の担当者 ・ファン（固定客）　・見込み客
取引先	・仕入先　・外注先 ・販売代理店
ビジネス パートナー	・スタッフ　・業務提携先 ・共同開発先
支援者	・メンター　・金融機関担当者 ・専門家やコンサルタント
共通点の ある人	・同じコミュニティ （業界団体、交流会など）に属している人
その他	・ビジネスの利害を越えて付き合える 親友など

▶人脈マップ

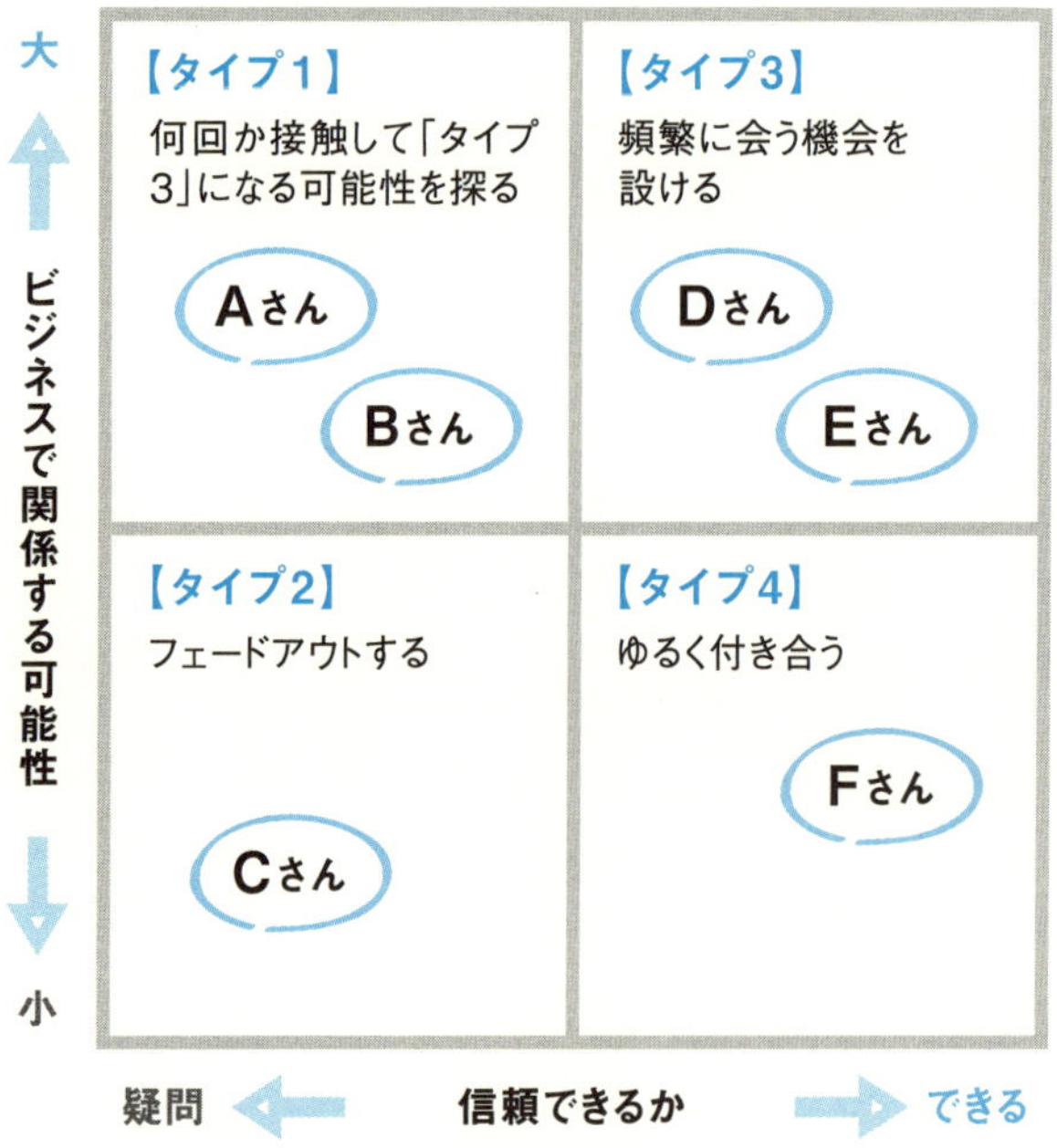
大
ビジネスで関係する可能性
小
【タイプ1】
何回か接触して「タイプ3」になる可能性を探る
Aさん
Bさん
【タイプ3】
頻繁に会う機会を設ける
Dさん
Eさん
【タイプ2】
フェードアウトする
Cさん
【タイプ4】
ゆるく付き合う
Fさん
疑問
信頼できるか
できる

コン（エクセルなど）を活用したほうがいいものです。

その理由は2つあります。1つの理由は、分け方の表現がストレートで固有名詞を記入するため、人の目に触れないほうがいいからです。もう1つの理由は、同じ人と接触しても最初の印象と違ってきて、別の象限へ移動させることがあるからです。たとえば、「ビジネスで役立ちそうな人だけど、信頼できるかな？」という「タイプ1群」の人なら、付き合いを簡単にやめるのではなく、「タイプ3群」に移行して大切な人脈にならないか、何回か接触することが重要です。

このマトリクスは一例ですが、出会った人についてどのような付き合いをしていくべきかを考えるため、あなた独自の「人脈マップ」を作成してみてください。

常に相手にメリットを与える行動をしよう

起業してビジネスを順調に続けるには、前項の「人脈マップ」のマトリクス中で**「タイプ3群」の人脈を構築する**ことが大切です。しかし、「タイプ3群」の人脈を増やしたつもりでも、相手があなたのことを人脈と思ってくれなければ意味がありません。あなたが何もしなくても「相手が力になってくれる」という一方的な関係はありえないからです。

その人が仕事上の利害を超えた友人や趣味の仲間などであれば、「損得抜き」で親しく付き合ってくれるでしょう。また、あなたのことを無条件にかわいがってくれる支援者も出現するかもしれませんが、それはきわめて稀なことだと思います。

普通、ビジネス上の人脈は、お互いなんらかの「メリット」を感じることが必要です。つまり、あなたも相手のためになんらかの力になれて初めて「人脈」として成立するということです。「身も蓋もない」と思うかもしれませんが、忙しい中で他人のために時間や労力を割くという行動をとるのは、何かメリットを感じるからこそです。

自分がメリットを得たいからといって、相手にガツガツと求めたら人脈になるどころか、逃げられてしまいます。真に人脈といえる関係を構築するためには、あなたが**「あの人はどうしたら喜ぶか」と考える**ことが先決です。

それでは、相手が「メリット」と感じることはどんなことでしょうか。

直接的には「金銭的な利益につながること」ですが、必ずしもそれだけではなく、人によって千差万別です。例示すると、次のようなことが考えられます。

会いたい人の紹介
お客様、関係する業界のキーパーソン、いい仕入先など、求めている人を紹介します。

役立つ情報やノウハウの提供
その人の役に立つような情報やノウハウを与える。または持っている人を紹介します。

商品やサービスの紹介
その人が売っている商品やサービスについて、買ってくれそうな人に紹介したり、または広告宣伝活動の手伝いをしたりします。

いい評判の伝達
その人の長所や実績について、褒める言葉をほかの人に伝えます。

イベントの祝福
「会社設立10周年」など、喜ばしいイベントがあれば、お祝いの言葉やプレゼントを送ります。

「相手がメリットと感じること」を知るためには、できるだけ頻繁に会って話を聞く必要があります。会う回数が多ければ、相手もあなたについて興味をもち、親しみを感じてくるものです（これは「ザイアンス効果」といわれています）。

このように、まず相手にとってのメリットを知り、あなたが先にメリットを与える行動を続ければ、相手もあなたに「お返し」してくれるようになります。

また、「人脈マップ」の項目でも述べたように、**相手から「信頼できる人」と思われる**ことも必要です。そのためには、「明るく感じよく振る舞う」「仕事上で実力を示す」「期待以上のリターンをもたらす」といったことが重要です。

人間関係は「間合い」を意識する

人脈は、起業準備段階から意識して行動することで、しだいに広げることができます。

起業後はさらに多くの人との出会いがあり、互いにいい関係を構築できる人たちが増えていきます。

しかし、すべての人と密に付き合うことは、時間的にもビジネス的にも無理や無駄があります。そういう意味では、「人脈を絞る」意識ももっておく必要があります。前述の「人脈マップ」のマトリクスを意識して、**相手によって「付き合い方の密度」を変えていく**ことが重要です。

起業すると、さまざまな人との関わりが出てくるので、サラリーマンのとき以上に人間関係を意識する必要が出てきます。でも、「めんどくさい」と思う必要はありません。サラリーマンは、嫌いな上司など付き合う人を選べないものですが、起業家はむしろ付き合う人は選ぶべきです。嫌いな人と無理して付き合っても、ビジネスでプラスにならなければ意味がないからです。

起業するなら「人間関係の間合い」を意識することが重要です。これには、3つの意味があります。

1つは相手によって**「付き合いの距離感」を考える**ということです。つまり、あなたが「親しく付き合うべき」と判断した人には、積極的にアプローチして接触を密にしますが、逆の人とは徐々に距離をおけばいいのです。

「人間関係の間合い」の2つ目の意味は、「**タイミングを見計らう**」ということです。親しく付き合いたい人がいても、その人が忙しい時期に接触しようとしたのでは嫌がられます。相手の状況を見ながらタイミングよく接するということです。

3つ目の意味は、駆け引きが必要な相手に対して、**自分が有利になるような「間合い」をとる**ということです。起業してビジネスを始めると、取引条件などについて交渉しなければならない場面が多くなります。剣道やボクシングなどの格闘技を想像すれば理解できると思います。相手とあなたとの力関係で接近戦をとるのか、少し離れて戦うのかを考えることが「勝敗」を左右します。また、駆け引きする場合は、強気に自己主張するのではなく、うまく「押したり引いたり」する交渉力も必要です。

さらに、**人の本性を見極める**ことも重要です。起業すると「こんないいビジネスがありますよ」といって、誘いをかけてくる人が大勢寄ってきます。もちろん、本当にいい話のことも少なくないのですが、中にはダマそうとする人もいます。そんな人に引っかからないように、人の本性を判断する眼をもたなければなりません。

たとえば、フランチャイズシステムへの加入の勧誘などで、騙すつもりまではなくても、いいことばかりを並べ立てる人がいます。それを鵜呑みにして加入したところ、お客さんを集めることができずに行き詰まったという事例がたくさんあります。いいことばかりいう人を簡単に信用するのではなく、失敗事例やデメリットなどについても質問して、実態を知るようにすることが重要です。

ビジネスではいかに人を動かすかが課題

起業してビジネスを軌道に乗せるためには、多くの人を動かす能力が求められます。経営者が動かすべき人とは、販売先（お客様）、仕入先、資金提供者、従業員などが代表的な例です。

お客様に対しては、マーケティング活動や営業活動を通じて、あなたの商品やサービスを「買おう」という気持ちにさせる必要があります。仕入先などの取引先に対しては、うまく交渉して、できるだけ有利な価格や条件を引き出すことが重要です。資金を調達するには、投資家や金融機関の担当者を説得しなければなりません。さらに、従業員を雇用すれば、モチベーションを高めて能力を発揮させるためのマネジメントが大切です。

人を動かすためには、強引に自己主張をしてもダメで、いかに相手から「好意」「共感」「納得」といった感情を抱いてもらうかがカギとなります。そのために、起業準備段階で、磨くべきスキルが3つあります。それは、「**コミュニケーションスキル**」「**プレゼンテーションスキル**」「**ライティングスキル**」です。

コミュニケーションスキルは、幅広い意味で使われていますが、簡単に述べると「人との会話において、相手を気持ちよくさせて円滑な人間関係をつくる能力」といえます。円滑なコミュニケーションを図るためにもっとも重要なことは、相手の話をよく聞いて理解することです。その上で、「どのように反応するか考える」→「自分の言いたいことを伝える」→「相手の反応を把握する」といったサイクルを回していきます。

コミュニケーションスキルを高めるためには、「起業ノート」に人との会話の記録を残すことが有効です。

たとえば、営業先の企業の担当者との会話で、「あのとき、こういう言い方をすればよかった」「一方的に説明してしまった」など、振り返ってみて思いつく反省点などを、自分自身にフィードバックします。そのセルフフィードバックを糧にして、次回、別の人との会話に応用していくのです。

コミュニケーション能力は、人との会話の実践によって高めることができます。起業準備段階から、積極的に人との会話を行うように取り組んでください。

また、ビジネスで人を動かすには「プレゼンテーション能力」も重要です。プレゼンテーションといえば、アップルのスティーブ・ジョブズを思い出す方も多いと思いますが、ビジネスにおいては、プレゼンの良し悪しが業績を左右するといっても過言ではありません。

プレゼンテーション能力を高めるためには、場数を踏むことが欠かせません。たとえ「ダメ出し」されるようなことがあっても、それによって足りない部分を理解し、補うこともできます。起業準備の間に、できるだけ人前でプレゼンすることを心がけてください。そして、必ず**「起業ノート」に反省点を記録しておく**ことが重要です。

▶反省点は必ず記録する

起業のために高めるべきものとして、もう一つ「ライティングスキル」（書く能力）があります。昨今、とくにマーケティング論の中で、このライティングスキルの重要性がクローズアップされています。

具体的には、チラシやホームページで自社の商品やサービスのPRをする「セールスレター」と呼ばれるものがあります。以前のチラシといえば、いかに価格が安いか、品質がいいかといったことをアピールする内容が多かったものです。それに対して、最近の「セールスレター」は読み手の欲求をうまく引き出す内容や、いかにも買いたくなるようなキャッチコピーを散りばめています。

また、マーケティングツールとして活用される「メールマガジン」などの文面についても、ライティングスキルが効果を左右します。

ライティングスキルを高めるために、**「起業ノート」に**

▶セールスレターはアイデアの宝庫

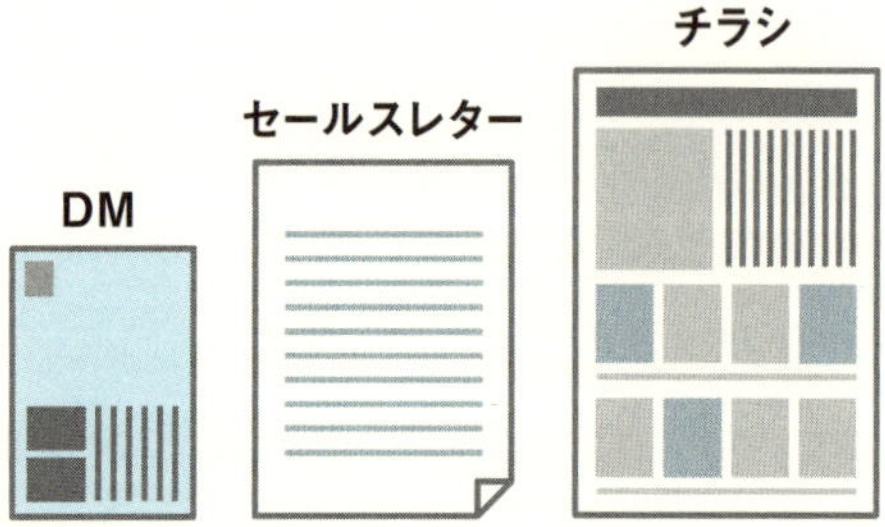

セールスレターやチラシ、販売サイトのホームページなどはキャッチコピーの宝庫です。どんどん集めてノートに貼っておきましょう。

「セールスレター」のネタを蓄積しておけば、起業後にとても役立ちます。自分が気になったセールスレターやキャッチコピーはどんどんノートに書き込んでいきましょう。

また、人に読んでもらうための文章を書くことには、一日も早くなれておく必要があります。たとえば、起業準備の過程をブログに書くなど、できるだけ量稽古を行っておくことが重要です。

うまく人を動かすために、以上の3つのスキルを高めてください。そのためには、数多くの人と会話や交渉を行う実践経験を積み、「起業ノート」を活用した振り返りの作業が有効なのです。

安易な共同経営は失敗のもと

私が金融機関に勤めていた頃に、先輩から「共同経営は必ず失敗する」と教わりました。確かに創業融資を担当したとき、複数の人が共同で経営するスタイルの企業は行き詰まるケースが多かったことを記憶しています。ソニーやホンダのように、創業期に共同経営でスタートして大企業に成長した例もありますが、失敗事例のほうが圧倒的に多いのが実態です。たとえば、学生時代から仲のよかった二人が共同で起業したものの、ちょっとしたことで意見の食い違いが発生し、結局、行き詰まったという事例などです。

共同経営で起業する人の理由は、「資金が不足しているから」「スキルを補いたい」「孤独を避けたい」といったものがあげられます。

とくに「資金面が不足しているから」というケースが多く、たとえば3人が100万円ずつ出し合って株式会社でスタートするということがあります。そのうちの一人が代表取締役に就任しますが、あとでなんらかの理由で仲違いしたときに、出資比率が3分の1しかなければ、企業を維持する力はないといえます。

また、「スキルを補いたい」という理由では、互いが相手に依存する関係になり、失敗したときには「なすり合い」になりかねません。「孤独を避けたい」という理由の人もいますが、起業家になるからには孤独を感じるのは当たり前で、むしろ孤独を楽しめるようになる必要があります。

でも私は、「すべての共同経営はダメ」といっているわけではなく、意識や能力の高い人にパートナーとして経営に参画してもらう共同経営であれば、むしろ軌道に乗る可能性が高いと思います。事実、私のクライアントの中には、一人ではなく2〜3人で起業して順調に業績を伸ばしている企業も多くあります。

そこで、共同経営で成功するためのポイントについて説明します。

まず、必ず誰かが「主たる経営者」となって、**出資金額の過半を出す**ことが重要です。ほかの共同経営者（パートナー）は、「従たる経営者」として位置づけします。これで、組織として意思決定する場合の権限も明確化され、感情的にもめることが少なくなります。

次に、**互いの役割分担を明確にして、それぞれの役割について責任を持つ**という体制が必要です。たとえば「経営」「技術」「営業」と役割を分けて、「経営」を担当する「主たる経営者」が司令塔となって全体をマネジメントします。

もう1つ大切なことは、パートナーを選ぶ際に、**経営理念に共感して邁進する意識をもっている人**でなければいけません。何か壁が立ちはだかったときでも、ぶれることなく解決を図ろうとする意欲がある人を選ぶ必要があります。

以上のポイントを踏まえて、互いのバックグラウンドやスキルを生かせる「共同経営」を構築できれば、一人で起業するよりも成功確率は高まることでしょう。

また、「スキルを補う」という目的のためなら「共同経営」という形でなくても、外部の人や企業と提携して、互いの事業を拡大させるという方法もあります。私の例をあげると、専門外のサービスが必要なときのために弁護士や税理士などと提携しており、彼らに依頼するという関係を構築しています。

これは、先に述べた人脈づくりが大きく役立ちます。自分の事業と提携してくれる専門家になりうるかどうかも「起業ノート」を使って整理し、こまめにコンタクトをとっていくのです。そうすれば、実際に起業したあと、力強い協力者になってくれるでしょう。

このように、スキルを補ってくれる人を、会社内に抱えるのではなく、外部のビジネスパートナーとして確保すれば、人件費コストを抑えられるとともに事業に幅を持たせることができます。

第8章

事業計画を練り上げ、起業のスタートラインへ！

数字に弱いのは経営者として失格

起業を志して準備をしている人の多くが苦手にしていることに、「収支予測」や「資金繰り」などの「数字」の計算があります。事業活動において、「数字」イコール「お金」です。数字に対して苦手意識をもって目を背けていては、起業家として成功はおぼつかないと断言します。

「数字の計算」といっても、高度な数学の知識が必要だというわけではありません。小学校で習った「加減乗除」の計算に加えて、簿記3級レベルの知識と、エクセルを使った簡単な表計算ができるスキルがあれば十分です。もし、簿記やエクセルの知識がまったくないなら、勉強して習得することをお勧めします。

起業すれば、日頃から数字を見ながら事業活動の振り返りを行うことが重要です。起業前に知っておいていただきたい数字の代表的なものは、「収益」「資金繰り」「資産と負債」の3つです。

「**収益**」とは、売り上げから原価や経費を差し引いた利益がいくらだったかをみておくことです。「収益」の計算では、売り上げも経費も発生した金額で算出します。たとえば、ある人に商品を後払いで売った場合は、お金が入ってくるのが来月であっても、「売上高」として金額を計上するやり方です。これで、事業活動を行った結果、どれくらいの儲けがあったかを検証することができます。

次に「**資金繰り**」は、「**お金の有り高**」に注目する計算です。売り上げが発生しても実際のお金の入金は来月という場合は、現金はまだ入ってこない状態です。とくに法人へ販売するような事業だと、売上金の回収が「月末締め翌々月末」などと、かなり先になるような取引条件になることが多いものです。それに対して、人件費や経費は早く払う必要があるので、手元に残っている現金が少なくなります。

「収益」が黒字でも、お金が足りなくて支払いができなくなれば倒産につながってしまいます。そうした事態を避けるためには、「資金繰り表」をつくって3カ月～半年程度の近い将来における資金の有り高を予測することが重要です。足りない状態が見込まれれば、融資を受けるなどの手当てが必要です。

また、「**資産と負債**」は、ある時点で資産（現預金、商品在庫、売掛金、不動産など）

と負債（買掛金、未払い金、借入金）が、どれくらいあるのかを把握しておくということです。よく小売店で、「今日は商品の棚卸しの日」というのがありますが、これは実際の在庫が帳簿の数字と合っているかをチェックするものです。また、負債についても、いくら残っているのかを定期的にチェックする必要があります。

事業を長く継続するには、これらの数字を把握しながら、どのような事業活動をやっていくべきかを考えて実行していくことが重要です。起業準備をしている間にやっていただきたいことは、**「起業ノート」を使ってあなたの事業の数字を予測する**ことです。

とくに「収益」を予測することが重要です。利益が出なければ事業を継続できないからです。「収益」を考えるためには、まず売り上げがいくら上がるかを予想することが必要です。

売り上げ予測の方法は、「客単価×予想客数」で算出するのが一般的です。飲食店を例にとれば、客単価が2000円で1日に20人が来店すれば、4万円の売り上げということになります。ほかには、ターゲットとなる市場の規模を算出して「そのうち○%の占有率をとれるだろう」という方法もあります。

また、先に経費を見積もって、黒字にするために必要な売上高（「損益分岐点売上高」

▶損益分岐点の計算方法

$$\text{損益分岐点} = \frac{\text{固定費}}{1 - \dfrac{\text{変動費}}{\text{売上高}}}$$

固定費：人件費、不動産賃借料、水道光熱費、通信費、減価償却費、旅費交通費、接待交際費、支払利息
（売り上げが増えても減っても増減しない費用）

変動費：売上原価、仕入原価、材料費、外注費、支払運賃、配送費、保管料
（売り上げに比例して増減する費用）

↓

損益分岐点を越える売り上げでないと、
赤字になってしまう!

といいます）を計算すれば、「それが達成可能かどうか」という観点で考えることができます。

売り上げや収益を予測することは、「やってみなければわからない」ため、とても難しいものです。でも、どれだけ実現可能性のある数字を予測できるかが、起業の成否のカギだといえます。

お金を稼ぎたいなら、お金を使え

事業活動は「お金を回す活動」だといえます。起業準備でもっとも大切なことの1つは、お金について考えるということです。

起業家を目指すなら、お金に対する考え方をガラリと変えなければいけません。サラリーマンの間は、収入はある程度決まっているので、「できるだけ節約して将来のために貯めておく」というのが正しい考え方でしょう。しかし、起業家になるなら、お金に対してもっと視野の広い考え方をする必要があります。

事業活動においては、「お金はできるだけかけずにやっていく」という考え方だけをもっていると、なかなか採算ラインの売り上げをあげることはできません。お金を使わずにできる事業活動には限界があるからです。

私たちは、お金の使い方や投資については、ほとんど学ぶことがないままに大人になっています。お金に関しては、せいぜい親や先生から「無駄使いせず貯金しなさい」と教わった程度です。残念ながら、大多数の人は、起業家として身につけておくべき**「お金を回すスキル」が欠如しているといわざるをえません。あなたが起業を志すなら、「お金を稼ぐためには、お金を使わなければならない」**という発想をもてるようにしてください。

お金の使い方には、大きく分けて「浪費」「消費」「投資」という3種類があります。「浪費」とは役に立たないものへの無駄遣い、「消費」は電気代など生活や事業の維持のために必要なものにお金を使うこと、「投資」は利益を生むために資金を投下することです。

起業して経営者になったら、「浪費」や「消費」に該当するお金は極力抑える必要があります。しかし、「無理なく手堅くやるのが一番」とばかりにお金を使わないことだけ考えていては、事業で利益を上げることはできません。起業家になるなら、**「投資」を強く意識する**必要があるのです。事業活動では、「投資なくしてリターンはない」と覚えておいてください。

リターンを得るために、常に「何にいくらお金をかけるか」ということを検討しなければなりません。「何」に該当するものは、「機械などの設備」「仕入れる商品」「採用する従業員」「広告宣伝」などさまざまです。経営者によっては、複数の事業へ投資をしています。たとえば、あるＩＴ会社の経営者は、ほかに飲食業と貿易業にも投資しています。

もちろん、投資すれば必ずリターンが得られるわけではありません。たとえば、「売れそうだと思って商品を仕入れたが、実際には売れなかった」など、結果的に「金をドブに捨てた」ということもあります。

うまくいっている経営者でも連戦連勝というわけではなく、「投資しては失敗」を繰り返す中で、経営判断を行って「うまくいくだろう」と思うものにさらに投資するという活動を継続しています。つまり、「投資」したあとの「リターン」（得られる利益）を検証して、次にお金をどこに投資するかを考えるわけです。

とはいえ、「投資」には必ずリスクが伴います。投資とリターンを読みながら、リスクをとってお金を使える起業家だけが成功を手にすることができるのです。

▶3つのお金の使い方

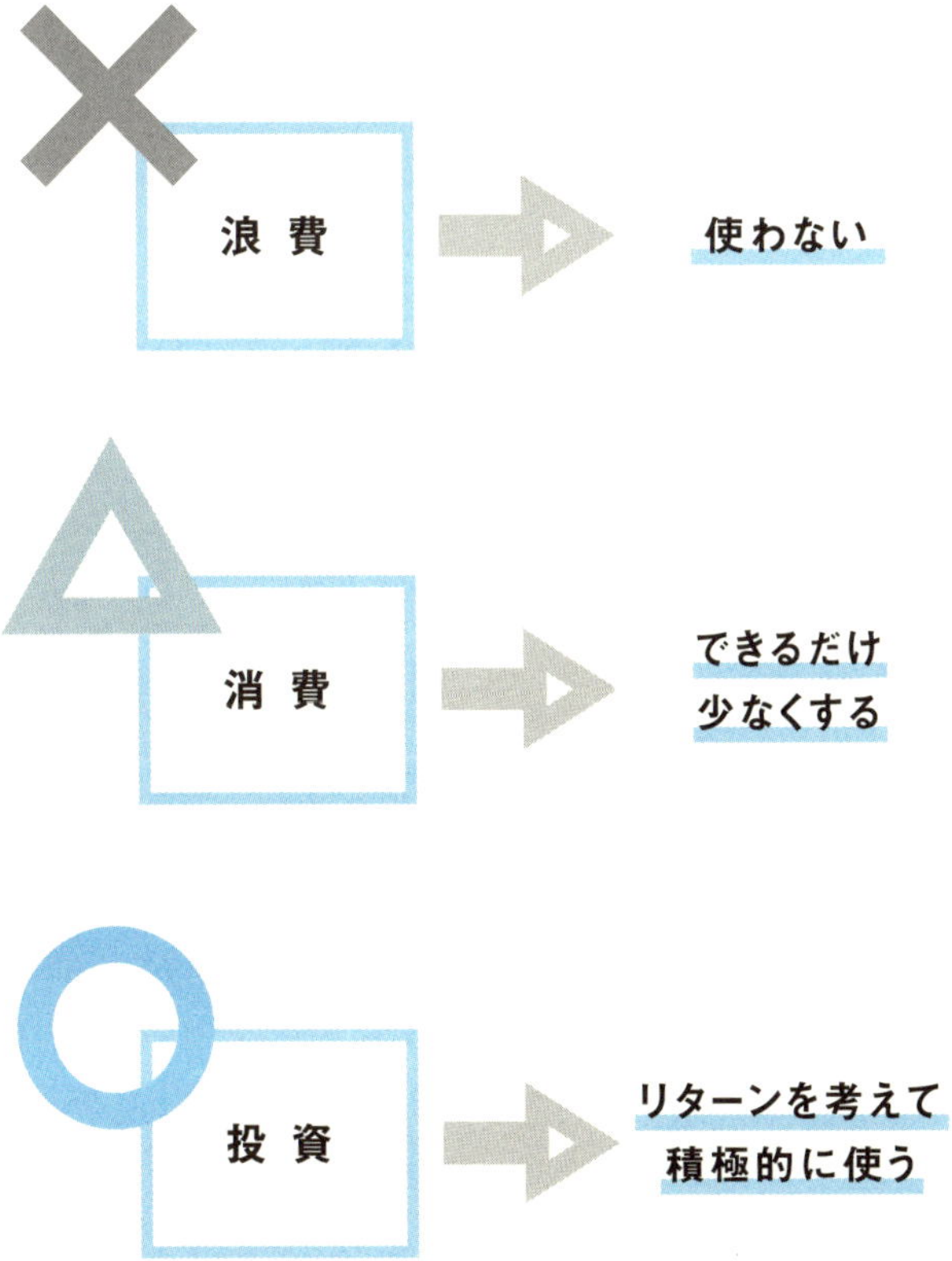
浪 費
使わない
消 費
できるだけ
少なくする
投 資
リターンを考えて
積極的に使う

投資とリターンの関係をどう読むかが重要課題

それでは「投資」したあとの「リターン」はどのように読めばいいのでしょうか。
実は、「投資とリターン」の関係を判断するのは容易ではなく、試行錯誤を繰り返していくほかないというのがその質問への答えです。

「投資」というと、株式や金融商品などをイメージすると思いますが、事業において大切なのは、そうした投資ではなく**「売り上げを生むため」の投資**です。

具体的には、店舗や事務所への投資、営業マンを雇うための人件費、マーケティングにかかる費用などです。

これらの投資がうまくいけば、リターンとして利益が得られます。ところが、リターンが得られるまでに時間がかかることや、何に投資したことが直接の要因でリターンにつながったのかわかりにくいなどの理由から、「投資」と「リターン」の関係は検証が難しいのです。

とはいえ、たとえ難しくても、「投資とリターン」の関係を検証して、次にどのような投資をするかを考えることが経営者の重要な課題です。とりわけ起業家にとって重要な投資でありながら「リターンとの関係」が検証しにくいものとして、「マーケティング」を例にとって説明します。

一般的に、起業して最初に直面するのが、「お客様をどうやって集めるか」という問題です。したがって、マーケティングにかける投資はとても重要です。

多くの起業家にとって、広告宣伝などマーケティング活動への投資は、実行するのにハードルがあります。資金が乏しい中で、効果が読めない費用にお金を使うのが怖いからです。でも、うまくいっている起業家は、例外なく**マーケティング活動に投資して事業を拡大させています**。

マーケティング活動の中で代表的な広告宣伝は、折込チラシ、雑誌の広告など昔ながらの方法のほか、インターネットのPPC広告(クリック課金型広告)など新しいものもあります。商品やサービスに興味をもつ人を集めるためには、このような広告宣伝に資金を投入していくことが有効ですが、広告宣伝費はなかなかリターンが読みにくいものです。

なぜなら、一度の広告でたくさんのお客様が集まることはまれで、繰り返し行って初めて効果が表れることが多いからです。

1～2回の広告でやめてしまうと、その後、繰り返したときに得られたかもしれない効果を逃している可能性があります。

たとえば半年間で広告宣伝費に100万円を使って、7カ月目に初めて商品が売れ、200万円の利益が得られたとすれば、ようやく「この投資は成功だった」という判断ができます。

マーケティング活動への投資を例にとりましたが、事業活動における投資はリターンを読むことが容易ではないものの、利益を得るために欠かせないものです。

ただし、状況によっては、投資に早く見切りをつけるべきときもあります。たとえば、新規事業を始めようと考えて、すでにいくらか投資したとしても、何か大きな障害となるような事情が判明したら、追加の投資はきっぱりやめることが得策の場合があります。最初の投資は無駄になりますが、「ドブに捨てた」とあきらめるほうがいいのです。

このように、事業活動はお金に関して「トライ&エラー」の繰り返しで自己成長を図っていくものだと理解してください。

起業に必要な資金を算出しよう

起業準備段階では、事業を始めるために一時的に必要な「イニシャルコスト」と、起業後に事業を継続するために必要な「ランニングコスト」を分けて理解しておく必要があります。

「**イニシャルコスト**」は、経理処理で「有形固定資産」や「無形固定資産」に計上される「設備資金」と、「売上原価」や「販売管理費」に計上される「運転資金」に分けられます。それぞれの内訳は、次の表のとおりです。

起業するまでに、何にいくらかかるのか(かけるのか)をじっくり考えることが重要です。「起業ノート」を使って、シミュレーションを行ってください。実際にどれくらいの資金が必要か、情報を集めることも必要です。たとえば、店舗を構えるなら、地元の不動産会社に足を運んで物件情報をみると、現実的に必要な金額がわかってきます。

「イニシャルコスト」について、基本になる考え方は「明らかに無駄になる金は使わな

イニシャルコストの内訳

	設備資金	運転資金 （当初3カ月～半年分）
具体例	「固定資産」に 計上する費用 ・店舗や事務所にかかるもの（敷金・保証金・改装費用など） ・営業用車、機械購入費 ・什器、備品購入費 ・ホームページ制作費	「原価・販売管理費」に 計上する費用 ・原材料費 ・人件費 ・店舗や事務所の家賃 ・外注加工費 ・広告宣伝費 ・交際費 ・水道光熱費 ・交通費 ・通信費

い」ということです。

たとえば、「事務所や店舗」を例にとると、業種業態によってかけるべき金額が変わってきます。私のように、コンサルタントであれば、まったくかけずに自宅で開業することも可能です。一方、飲食店などの業種は、店舗の立地条件で売り上げが左右されますから、できるだけいい物件に投資することが望ましいということになります。

イニシャルコストにいくらかけるか検討するときは、2つのポイントで考えてください。1つは、「資金をいくら準備できるか」ということで、当然、その範囲の中で決めなければなりません。ここでいう「資金」とは、必ずしも自分が貯めたお金だけではなく、人からの出資金や借入金も含まれます。

もう1つのポイントとは、イニシャルコストとしてかけた金額を、何年分の利益で「元がとれるか」という考え方です。何年間事業を継続すれば、「かけた金額と同額の利益(またはキャッシュフロー)」を出せるかを予測します。もしも予想利益が1年間に100万円とすれば、イニシャルコストとして1億円かけたら元をとるのに100年かかりますから、とても効率の悪い事業となります。ホテルなど、最初の投資額が大きい事業は別として、できるだけ**5~7年で元がとれる投資額を検討する**ことが重要です。

また、「イニシャルコスト」をかけて事業を始めると、それを維持するための「ランニングコスト」も必要です。「**ランニングコスト**」は、「運転資金」の欄に記入してある経費のことです。

起業を考えている人のうち多くは、「イニシャルコスト」だけを意識してしまいがちです。でも、事業を維持発展させるためには、「ランニングコスト」についても、十分考えておく必要があります。実際に起業すると、予想した以上にかかって負担が大きいことに気づかされるものです。できるだけ少なくすべき費用ですが、広告宣伝費など効果を読みながら適切にかけていくべきものもあります。「ランニングコスト」についても、起業準備段階からどれくらいかかるのか（かけるのか）検討しておくことが重要です。

自分の蓄えだけで起業することが理想的か？

起業を実現するために必要なことの1つに、「**資金調達**」があります。起業資金をどう調達するかを考えるときにも、「起業ノート」を活用してください。

今、自分（家族も含めて）がもっているお金を「起業ノート」に書き出して、そのうち起業のために使えるのはどれくらいかを考えます。その上で、「起業のために必要な資金に対して十分に足りているのか」を検討することが重要です。

起業時の資金調達の方法は、大きく分けると「自分で貯めたお金を使う」「出資を受ける」「融資を受ける」の3つがあります。

最近は、インターネットや通信のインフラが整ったことで、とくにネット系のビジネスでは少額で起業できるようになりました。そのため、融資や出資を受けずに、自分のお金だけで起業する人も多くなったようです。

一般に、自分の蓄えだけで起業するのが理想的のように思われていますが、必ずしもそうとはいえません。私は、自分の蓄えだけで起業できる人にも、起業時に外部から資

▶自己資金を把握する

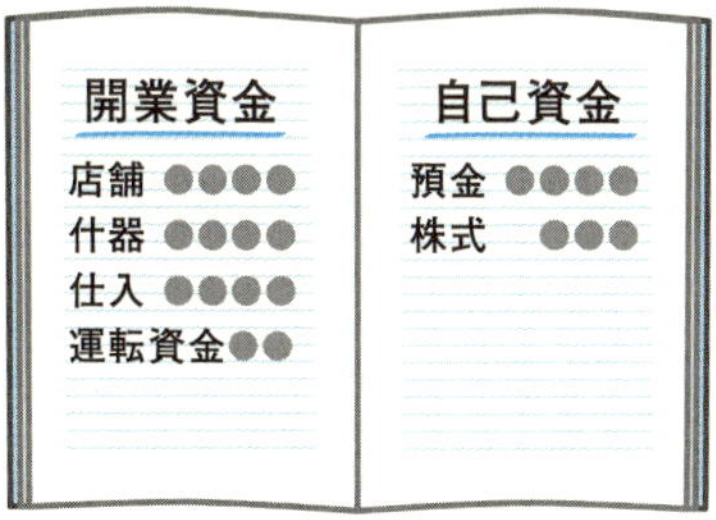

起業のために使える自己資金がいくらあるかをノートにまとめましょう。開業資金がいくら必要になるかも対比し、足りない分の調達先を検討しましょう。

金調達することを勧めています。起業時に外部から資金を調達することは、次の2つの理由からとても意義のあることです。

1つは、自分の蓄えは使わずに、余裕資金として残しておくことが望ましいからです。起業しても、予想よりも売り上げが少なかったり経費がかさんだりして、黒字化するまでに相当の期間を要するものです。資金があっという間に底をついてしまうことがあります。そこから資金調達しようと思って慌てても、赤字の状態であれば困難です。

もう1つの理由は、起業家にとって大切な「資金調達のスキル」を早く身につけるべきだからです。事業を長く続けていると、まとまった資金が必要になる場面に遭遇することがあります。起業時に経験することで、いざというときに資金を調達するノウハウを得ることができるのです。

資金調達の方法のうち、「**出資を受ける**」というのは、基本的に返さなくてもいいお金を出してもらう方法です。親など身内から出してもらうケースはよくみられますが、ベンチャーキャピタルやエンジェル（個人投資家）からとなると、事業の収益性や成長性が際立っていることなどを求められるので、かなりハードルが高くなります。

また、「お金を出しても口は出さない」という投資家はいないと思ったほうがいいでしょう。投資家が、起業家本人を上回る出資比率を確保した場合は、本人は「雇われ社長」的な立場に追いやられてしまいます。

そこで、一般的な起業家が利用しやすいのは、公的な機関から**融資を受ける**方法です。日本では子供の頃から「借金をしてはいけない」という教育がなされているので、融資を毛嫌いする人が少なくありません。しかし、サラリーマンと異なり、事業経営者は、うまく融資を活用することが事業の飛躍につながります。

無借金で手持ちの資金だけで堅くやっていこうとすると、投入できる金額が小さいので得られる利益も乏しくなります。そこで、借金をして倍の資金を投入できれば、単純に考えて倍の利益が得られます。

実際は利息がつくので、その分はコストとしてかかりますが、今は低金利の時代が長く続いていますので、さほど大きな負担ではありません。

もちろん、過大な借金は負担が大きく、経営が行き詰まる原因となりますが、適度な金額の借金であれば、事業を順調に継続するためにとても効果的なものなのです。

「起業ノート」があれば資金調達も可能

公的な融資で代表的なものは、「日本政策金融公庫」の創業融資と、都道府県や市区町村が行っている「制度融資」といわれるものです。いずれも、「起業を増やす」という政策目的のために、これから起業しようとする人へ積極的に融資をしてくれます。

ただし、「積極的に融資をする」といっても、創業融資はリスクが高いものなので、すべての起業家へ貸してくれるわけではありません。審査をパスする必要があり、そのためにはしっかりとした準備が欠かせません。

審査をパスするための重要なポイントは、「自己資金の金額」「予定している事業に関係する経験の有無」「収支見通し」の3点です。

「**自己資金の金額**」については、日本政策金融公庫の無担保無保証人の「新創業融資制度」を例にとると、「総投資額の10分の1以上の自己資金があること」が要件になっています。「自己資金」が重視される理由は、100%借入では返済負担が大きくなるので、採算面が厳しくなるからということと、起業のためにがんばってお金を貯める努力をしたかをチェックするためというものです。起業を志すなら、準備期間でなんとかして自己資金を貯める必要があります。

「**予定している事業の経験の有無**」については、直接関係ある経験があれば問題ないのですが、まったく経験がない場合は、今回の事業に関するスキルをどうやって得てきたかを説明することが大切です。

また、「**収支見通し**」は、「起業ノート」を使って利益予測の根拠をできるだけ掘り下げて、実現可能性をアピールすることが有効です。

いずれも、「**事業計画書**」上にしっかりと表現することが大切です。「事業計画書」（「創業計画書」ともいいます）に盛り込む項目は、およそ次のような項目です。

▶ノートを基に事業計画書をつくる

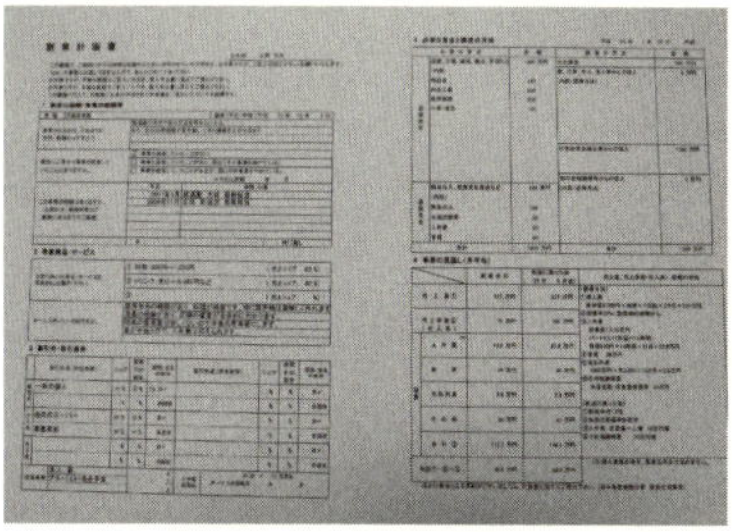

これまで「起業ノート」に書いてきた項目をまとめるだけで、金融機関に提出する事業計画書ができます。次ページに記した５点に留意して、具体的にわかりやすく書くのがコツです。

創業融資に必要な事業計画書の項目

1　起業する動機

2　本人の経歴（予定している事業に関する経験）

3　ビジネスの内容

4　投資計画と資金調達の内訳

5　収支見通し

これをみるとおわかりのとおり、「事業計画書」に書く項目は、本書で解説している「起業ノート」に盛り込む内容に近いのです。つまり、「起業ノート」を使って準備したことを整理して記入することで、融資を受けるための「事業計画書」ができ上がるのです。

ポイントは、融資をする側の立場にある人に、いかにして「起業して軌道に乗せられ、融資の返済もできる」と理解してもらえる内容にするかです。

「起業ノート」を使って準備してきたあなたであれば、必ずや首尾よく資金調達ができることでしょう。

お金の回収と支払いはシビアに

お金に関して意識していただきたい重要なことを、もう1つ説明しておきます。それは、「**お金の回収と支払いはシビアに**」ということです。ビジネスにおいては、お金のやり取りに関して厳しさをもたなければいけません。

「**お金の回収**」というのは、商品やサービスをお客様に売ったあとにお金をいただくことです。飲食業や小売業の場合は、その場で現金（またはクレジットカード）でいただきますから問題ありませんが、法人向けサービス業などB2Bのビジネスであれば、代金はあとでいただくということが少なくありません。

事業を始めるときに、お客様（販売先）と取引の条件を決めることになります。たとえば「月末締めの翌月末振り込み」といった内容です。この場合、5月15日に商品を売っても、代金がもらえるのは6月末となります。経理処理では、商品やサービスを売って未回収の代金のことを「**売掛金**」と呼びます。

起業した人が直面するお金のトラブルの1つが、「売掛金」が期日にもらえないという事態です。ありがたいお客様ですから、商品を買っていただけると、とても嬉しいのですが、約束の日に代金を払ってくれないことがあるのです。

そのまま黙っておくと、いつまでたっても支払ってくれないということにもなりかねません。とくに販売先が中小企業の場合は、資金繰りが逼迫している可能性も否定できません。きちんとお金をいただけるように、段階的に催促することが重要です。

起業家の中には、「せっかくのお客様なので強くいえない」という人がいます。しかし、「約束通りお金を払わない人はお客様ではない」くらいの感覚をもっていなければ、自分の資金繰りに影響します。

具体的な催促の方法を説明します。

期日から数日~1週間程度経過しても入金がないようでしたら、電話やメールで「期日が過ぎましたが、なにかご事情がありましたでしょうか」といった質問をします。「うっかりしていました」などの返事が来ると思いますが、「それでは恐縮ですが、明日までにお願いします」と釘を刺します。さらに入金がなければ、かなり由々しきことですから、シビアに催促しなければいけません。

未入金が続いた場合は、弁護士などに依頼して法的な手続きを含めた回収手段を検討する必要もあります。

そもそも、このような相手に販売しないように、**取引先の信用状況には十分注意**しなければなりません。知らない企業や相手から発注があっても、販売するかどうか慎重に見極めることも重要です。少しでも不審感を覚えたら、お金を先にもらうことを条件にすべきです。

次に「**お金の支払い**」についてですが、あなたの事業所が購入したものや経費に関する支払いは期日通りに実施するということです。前述の「お金の回収」とは逆の立場での話で当たり前のことですね。支払いが遅れると信用がガタ落ちになってしまって「客ではない」と思われかねません。

ただし、「支払い」は早くすればいいというものではなく、期日までに行えば十分です。事業経営においては、「**回収は早く、支払いは遅く**」というのが鉄則です。なぜなら、回収が遅い中で支払いを早くすると、資金繰りが悪化するからです。たとえば、売り上げの回収がまだなのに支払いを今日するとなれば、現金の残高が減ってしまいます。

事業をスタートするときに、仕入先などと取引条件を決める際には、できる限り遅く支払う条件になるよう交渉することが重要です。とはいっても、普通、創業間もない企業は、相手からみると信用がないので「先に送金してくれないと商品は送らない」といった条件を申し渡されることも少なくありません。スタート時はやむをえませんが、その後、信用を積み上げて「月末締め翌月末振り込み」といった「掛け取引」に変更してもらうように交渉する努力が欠かせません。

「起業ノート」から自分のための「ビジネスプラン」を練り上げる

ここまで、「起業ノート」を活用した起業準備の方法をお伝えしました。本書を参考にして「起業ノート」を数カ月間書いていけば、何冊ものノートを使った状態になるはずです。

そこで、起業準備の総仕上げとして、もっとも重要な作業を説明します。それは、**「ビジネスプラン」を練り上げる作業**です。ここでいう「ビジネスプラン」とは、人に見せるためのものではなく、あなた自身がどのように行動するかを記載したものです。人に見せるためのものとは別に作成することをお勧めします。

資金調達などを目的とした「事業計画書」は、相手を説得することが目的なので、場合によっては適度に脚色することが必要です。しかし、自分を動かすための「ビジネスプラン」は、いいことだけではなく問題点もありのままに書くことが重要です。

自分のための「ビジネスプラン」には、「起業ノート」に記載したことに基づいて、次の項目を盛り込んでください。形式はあなたが見やすいもので結構です。A4のペーパー数枚に記載してもいいですし、A3で一覧できるようにしてもいいでしょう。

以上の通り、自分を突き動かすための「ビジネスプラン」は多岐にわたりますが、本書で説明してきた「起業ノート」に書く内容です。「起業ノート」を読み返して、重要なポイントを要約していけば完成するはずです。

とくに最後の「起業前〜起業後の行動計画」は、できるだけ詳細な行動計画を具体的な日程も決めて記入することが重要です。「退職願の提出」や「店舗の物件探し」など、やるべきタスクを漏らさないように、チェックリストを作成しておくといいでしょう。

6　人脈構築計画

・「人脈マップ」の整理

・見込み客の名簿化の計画

7　取引見込み先

・販売先

・仕入先等取引先

8　イニシャルコストの投資計画と資金調達計画

・必要コストの見込み

・設備等購入先の選定

・資金調達の内訳と実現可能性

9　マーケティング計画

・マーケティングの4P
（製品・価格・流通・プロモーション）の計画

・広告宣伝の計画

・営業活動の計画

10　収支見通し

・予想売り上げ

・原価等経費の見込

・当面の資金繰り計画

11　起業前〜起業後の行動計画

・起業直前（起業前3カ月程度）から起業後1年までの行動計画

・起業後2〜3年の行動計画

▶自分のための「ビジネスプラン」

1　起業する動機と理念

・何のために起業するのか、起業してどんなことを達成したいのか

・ぶれない経営理念

2　自分の棚卸によるUSPの確認

・これまでの経験で培ったスキルとノウハウ

・自分のUSPは何か

3　不安要因と心構え

・今抱いている不安と考えられる解決策

・想定されるトラブルやアクシデントへの心構え

・メンタルタフネスを鍛える方法

4　予定しているビジネスの内容

・ターゲットとする顧客

・ビジネスモデルの詳細

・うまくいかなかったときの代替ビジネス

5　人員計画

・パートナーやスタッフの予定者

・採用計画

起業準備段階で注意すべき点

自分のための「ビジネスプラン」が完成すれば、起業の準備はひととおり整ったといえます。あとは、起業というスタートラインへ立つために、行動計画に基づいてアクティブに動いてください。

最後に、起業準備段階で役立つちょっとしたアイデアや考え方をいくつかご紹介したいと思います。いずれも、私自身が実行したり考えたりしたことですが、参考にしていただければと思います。

1 考えるよりもまず行動

起業準備で大切なことは、「あれこれ考え過ぎないで、まず行動を起こす」という姿勢を身につけることです。頭の中で考えているだけでは、現実離れした計画になってしまったり、「これは無理そうだからやめておこう」などと行動せずにあきらめてしまったりということになりがちです。「思い立ったら即行動」は起業してからも、事業を軌道に乗せるために欠かせない姿勢です。

たとえば、「あの人に会ってみたい」と思ったら、すぐにアプローチして実行することが大切です。「起業ノート」の集大成としてできあがった「ビジネスプラン」も、つくっただけでは意味がありません。必ず実行してこそ起業が実現するのです。

2 本を浴びるように読む

私は「起業」に役立つと思った本は、片っ端から読みました。「起業」や「経営」に関する本のほか、メンタルを鍛えるための自己啓発の本、マーケティングに関する本などです。書いてあることの中で、少しでも参考になるものは「起業ノート」にメモしました。このメモが起業後にもとても役立っています。

3 完璧を目指さない

起業準備は徹底的に行ったほうがいいのですが、「完璧主義」ではかえってうまくいきません。起業準備期間は限られていますから、すべての準備を完璧にしようとしても無理があります。

たとえば、士業で独立しようとする人に多いのは、受注した仕事をこなすスキルの向上を目指して勉強ばかりすることです。また、税務から法律まで、すべての知識をインプットしようとする人がいます。それよりも、むしろ集客するためのマーケティングの方法を学ぶほうが重要です。

税務などの知識は、税理士などの専門家にお金を払って任せればいいのです。

起業して仕事を受注すれば、あとは必死に処理しようとしますから、それから知識をインプットしても遅くはありません。

4 自分の名刺を作成する

私は「独立準備中」と書いた名刺を作成し、セミナーに出たときに名刺交換しました。勤務先の名刺は出しにくいからといって名刺を出さなければ、名前を覚えてもらえません。プリンター用の名刺用紙が売られていますので、パソコンで自作するのも簡単です。

用紙の裏表の両面を使って、自分の顔写真や魅力的な自己紹介文、メールアドレスなどを記入しておくと、貴重な人脈を構築するきっかけができます。覚えてもらうためには、できるだけ個性的な名刺を工夫してつくってみましょう。

5 目立たなければお客様は集まらない

ビジネスを始めるなら、業種によって程度の違いはありますが、なんらかの特徴を出して「目立つ」ことが必要です。目立たなければ、注目されず、お客様は集まらないといっても過言ではありません。大きな企業の場合は、提供する商品やサービスが目立つことが大切ですが、小さく始める起業家にとって必要なものは、「自分自身を目立たせる」ということです。

起業準備段階からできるのは、インターネットを活用することです。自分のプロフィールや起業準備の状況を書いた「起業準備ブログ」やフェイスブックなどを活用して、「私はこんな人」ということをうまくアピールして、リアルでも多くの人と会っていけば、しだいに注目を集めることができます。

6 間違っていたら軌道修正する

起業準備を進めていくと、ビジネスモデルなどについて「よし、これで行けば間違いなく成功できる！」と確信する瞬間があります。でも、それが自分の思い込みではないか、多面的にチェックすることが大切です。うまくいくと思った根拠を再確認したり、人の意見を参考にしたりして、重大な問題が隠されていないか振り返ってください。

それをせずに突っ走ってしまうと、起業してから失敗を招いてしまいます。もし、大きな間違いに気づいたら、たとえ予定していた起業日の直前であっても、迷わず軌道修正することが重要です。

さあ、ここまで準備ができたら、あなたはいよいよ起業のスタートラインへ立つときを迎えています。何冊もの「起業ノート」は、これからもあなたを力強く支援してくれることでしょう。

おわりに

「サラリーマンから起業のアドバイスをもらっても説得力を感じないなあ」

これは、私が金融機関に勤めていた頃、これから起業しようとしている人に浴びせられた言葉です。

事業計画書を見ながら「投資金額を減らせませんか」「もっとコンセプトを明確にできませんか」などと改善提案をしていたときのことでした。それまで、「自分は金融機関で多くの事例を見てきたし、中小企業診断士だから起業のアドバイスができる」と思い込んでいた私は、かなりショックを受けたのです。

それから約10年後、私自身も起業して、起業家側の立場や考え方を実感することができました。

今、振り返ると「金融機関にいた頃は、傍観者的な立場で起業家へアドバイスしていたなあ」と恥ずかしい思いがしています。当時は、数多くの起業家に融資していたことで、起業成功のノウハウがわかった気になっていましたが、金融機関の視点だけで教科書的な考え方をしていたような気がします。

いざ自分も起業してみると「見るのとやるのでは大違い」で、起業家であるからこそわかる苦労を味わうとともに、起業家と金融機関のギャップを強く認識したのです。

ギャップの例を挙げると、起業家がマーケティングにかけるお金をとても重要視しているのに対して、金融機関は軽視する傾向にあります。私は、起業して初めて広告宣伝などマーケティング活動がいかに重要かということを痛感しました。

また、金融機関は、創業融資の可否を審査するときに「自己資金の多寡」や「事業に関連する勤務経験の有無」をポイントとしていますが、この2つが乏しい起業家でも成功する人はたくさんいます。

今、私は、サラリーマンではなく経営者になっているので、これから起業したいという人に対して、自分の実体験も交えながら自信をもってアドバイスをしています。

とりわけ、本書で強く推奨している「起業ノート」を活用した準備は、起業を実現させるばかりではなく、事業を長く続けるために大きな力となります。

「起業の楽しさを伝え、起業を成功に導き、日本を元気にする」

これは私の会社がミッションとして掲げていることです。

本書が、日本に成功する起業家を増やすことの一助となれば幸いです。

2013年8月

上野 光夫

［著者］
上野 光夫（うえの・みつお）

㈱MMコンサルティング代表取締役、中小企業診断士、起業支援プラットフォーム「DREAM GATE」認定アドバイザー。1962年、鹿児島市生まれ。九州大学を卒業後、政府系金融機関である日本政策金融公庫（旧国民生活金融公庫）に26年間勤務し、主に中小企業への融資審査の業務に携わる。出会った経営者は3万人を超え、担当した融資の総額は約2000億円にのぼる。とりわけ「創業融資」に注力し、約5000名の起業家に対する融資を担当した。2011年4月にコンサルタントとして独立。同年9月に㈱MMコンサルティングを設立、代表取締役に就任。起業支援コンサルティング、資金調達サポートを行うほか、研修、講演、執筆など幅広く活動している。リクルート社の独立開業雑誌『アントレ』などメディア登場実績多数。著書に『3万人の社長に学んだ「しぶとい人」の行動法則』（日本実業出版社）がある。日本最大の起業家支援プラットフォーム「DREAM GATE」において、アドバイザーランキング「資金調達部門」で2年連続して第1位に輝く。

起業は1冊のノートから始めなさい
――「事業プラン」から「資金計画」までを可視化する起業ログのススメ

2013年8月29日　第1刷発行
2024年12月9日　第13刷発行

著者――――上野 光夫
発行所―――ダイヤモンド社
〒150-8409　東京都渋谷区神宮前 6-12-17
https://www.diamond.co.jp/
電話／03･5778･7233（編集）03･5778･7240（販売）
ブックデザイン―松好那名（matt's work）
DTP――――荒川典久
製作進行―――ダイヤモンド・グラフィック社
印刷―――堀内印刷所（本文）・加藤文明社（カバー）
製本―――ブックアート
編集担当―――田口昌輝

ISBN978-4-478-02362-4